Le pouvoir des mots

OSEZ
LES CONVERSATIONS

Groupe Eyrolles
61, bd Saint-Germain
75240 Paris Cedex 05

www.editions-eyrolles.com

GUILLAUME VILLEMOT

Préface d'Alexandre Jardin

Le pouvoir des mots

OSEZ
LES CONVERSATIONS

*Ou comment
les nouveaux outils de communication
peuvent devenir de véritables
espaces de conversation*

L'INSTANT**QUI SUIT**"

EYROLLES - FONDATION MANPOWERGROUP

L'INSTANT QUI SUIT

Un label Eyrolles-Fondation ManpowerGroup est une initiative nouvelle : une maison d'édition et une fondation d'entreprise s'unissent pour éclairer les mutations qui viennent, les transformations en cours, les regards qui changent d'horizon dans les domaines de l'économie et des ressources humaines.

Une collection dirigée par Christian Boghos.

À Constance, Jacques et Nicolas
pour les richesses de leurs conversations.

Préambule

C'est en entendant mes enfants créer leurs propres « conversations » avec leurs amis au travers de leurs téléphones ou de leurs ordinateurs que je me suis posé la question du sens de nos conversations et de la place de celles-ci dans notre société.

En constatant que nous passions de moins en moins de temps à échanger verbalement et de plus en plus à échanger par écrit, je me suis interrogé sur le rôle de la conversation. J'ai pris peur en me disant que le monde vers lequel nous allons devient un monde de l'absurde, un monde de l'impersonnel, un monde de l'ignorance de l'autre. Un peu comme le héros de Lydie Solvayre dans *La Conférence de Cintegabelle*, je me suis dit : « La conversation périclite. »

C'est pour cette raison que j'ai créé en 2013 le Festival des conversations et la Journée de la conversation (le 16 avril) pour donner un coup de projecteur à ce moyen unique et essentiel du vivre ensemble, du lien social. C'est à partir d'une conversation que l'on arrive à passer du « vivre avec » au « faire avec ». C'est en conversant que nous apprenons à vaincre notre peur de l'autre et à aller vers les autres.

Au fur et à mesure des recherches et des travaux que j'ai entamés autour de ce sujet, je me suis rendu compte que nous avançons dans un nouveau monde, où en moins de 10 ans de formidables outils de communication (Twitter, WhatsApp, Slack, jeux vidéo en réseau...) sont venus s'ajouter aux outils que nous utilisons et maîtrisons depuis des siècles.

Nous passons de plus en plus de temps derrière nos écrans. Le reportage réalisé par le photographe Eric Pickersgill en octobre 2015, montrant une série de photos mettant en scène des inconnus utilisant leur portable dans la vie quotidienne sans faire apparaître les téléphones, démontre bien cette ultra présence des écrans dans nos quotidiens.

65 % des Européens comme des Américains[1] utilisent les réseaux sociaux, et nous avons par moment le sentiment de perdre notre temps à regarder, observer, épier ce qui se dit sur ces espaces ; mais nous nous en servons aussi pour aller vers les autres, pour aller chercher des informations ou même découvrir de nouveaux horizons, de nouveaux interlocuteurs.

---

1. Source Pew Research, 2015.

Les conversations et leurs rôles sont donc devenus complexes et ont besoin de se comprendre, de s'apprivoiser, de s'analyser pour être mieux utilisées et ne plus être subies.

J'ai voulu entamer un voyage dans le monde des conversations d'hier, d'aujourd'hui et surtout de demain pour comprendre vers où nous allons et comment ces outils peuvent devenir des alliés, des accélérateurs et même des créateurs de conversations.

J'ai voulu comprendre et améliorer mon apprentissage pour expliquer comment ces outils bien maîtrisés peuvent nous aider à créer et à développer de nouvelles formes de conversations.

J'ai voulu vérifier si le rêve d'une conversation internationale était en passe de devenir une réalité, ou si cela allait rester une nouvelle utopie comme l'Espéranto le fut en son temps.

Cette plongée dans le monde des conversations actuelles est aussi une façon d'analyser ce que les conversations que nous pratiquons depuis des siècles peuvent apporter à ces nouveaux espaces et à ces nouveaux outils.

En février 2016, le Festival des conversations s'est déployé pour la première fois au Maroc après avoir tissé des relations fortes avec des associations comme Free Convo à New York ou Londres.

Alors oui, c'est un texte d'espoir que voici, car les conversations sont bien vivantes et se développent de plus en plus, mais sous une forme nouvelle que nous devons apprendre des plus jeunes, auxquels nous devons enseigner à notre tour les règles de nos conversations pour qu'ils les mettent à profit sur leurs nouveaux outils.

Les conversations sont un véritable lien inter-générationnel que nous avons à notre disposition, un espace où des générations, des cultures différentes peuvent construire ensemble, apprendre les unes avec les autres.

Novembre 2016

Préface
par Alexandre Jardin

Converser, c'est courir un risque. C'est oser rompre avec ses peurs sédimentées et explorer la douce folie des désirs des autres. Voilà pourquoi il est sécurisant de juger plutôt que d'entrer en relation ! Voilà pourquoi les existences vides de toutes grandes conversations inattendues sont des voyages sans destination !

Dessinons vite la carte des risques glissants que chacun court en parlant sans frein avec autrui :

- *Changer d'opinion !* Qui devient-on dès lors que l'on renonce à une première certitude boulonnée ? Saura-t-on s'en tenir là et verrouiller l'édifice de ses convictions ?
- *Envisager un sujet sous un tout autre angle !* Comment continuer mon existence réglée si, tout à coup, je commence à l'entrevoir sous un autre jour ?
- *Être infiniment séduit !* Début des « emmerdes » lourdes... Qui suis-je à partir du moment où un autre enthousiasme prend possession de mon cœur ?

- *Découvrir tout à trac que je ne suis pas cohérent !* Que devient mon sort paisible si, soudain, je me découvre formidablement contradictoire, multiple et insaisissable ?
- *Ne plus prendre au sérieux ce qui m'apparaissait comme une table de la Loi !* Expérience infiniment troublante de la distanciation souriante... Faire l'expérience de l'humour des autres sur un sujet que l'on jugeait sacré, n'est-ce pas tourneboulant ?
- *Découvrir l'importance de certaines choses que l'on négligeait !* Qui peut rester indemne face à un cœur noble qui partage la grandeur de ses valeurs ? Aimer tout à coup les valeurs de l'autre, n'est-ce pas le début d'une révolution ?
- *Être bouleversé par la vérité des autres !* Comment rester soi (j'entends mijoter dans son jus) dès lors que l'on est atteint et très remué par d'autres vérités ?
- *Envisager, soudainement, une existence plus large que la sienne !* Humer la liberté des autres est le début de tous les franchissements, de toutes les délivrances... Comment résister ensuite au goût parfaitement irrésistible des très grandes libertés ?

Converser, c'est donc courir le risque de renaître, d'être plusieurs fois soi-même. Et s'exposer au désir

12

légitime d'envoyer valdinguer bien des digues fictives que l'on jugeait solidement établies.

Alors un bon conseil : ne parlez à personne, ne fréquentez pas les réseaux sociaux, surtout méprisez vos semblables, ignorez vos collègues et ne causez avec autrui qu'avec la plus grande circonspection. N'allez pas au-devant d'une vie compliquée : restez muré ! Stagnez dans vos convictions ! Et s'il le faut vraiment, ne parlez qu'avec des gens qui ne témoignent pas de leur vérité. Choisissez des interlocuteurs insensibles qui ne parleront que de faits bruts. Préférez les tricheurs endurcis, les porteurs de masque attachés à leur rôle factice et tous ceux qui, en conversant, restent dissimulés, absolument inaptes à l'authenticité ! Et votre sort demeurera rassurant, prévisible, calcifié.

Guillaume Villemot se plonge depuis plusieurs années avec énergie et fougue dans les nouvelles formes de conversations. Il ose se mêler aux conversations, il ose essayer de nouvelles formes de conversation, il a compris que les conversations sont des armes bien utiles et pacifiques pour briser les peurs, les barrières et les incompréhensions. Il a fait de son Festival des conversations un outil simple pour favoriser le « faire ensemble ». Ce n'est pas un bavard, mais c'est un vrai conversateur.

13

Première partie

C'est quoi
une conversation ?

*« On met deux ans pour apprendre à parler
et cinquante ans pour apprendre à se taire. »*

Ernest Hemingway

Cette citation d'Hemingway est d'une rare clairvoyance et d'une grande lucidité, et elle résume bien ce que sont les conversations. La conversation, c'est savoir se taire, mais c'est aussi savoir écouter l'autre, savoir entendre son point de vue. La conversation, c'est la liberté de l'opinion de l'autre, et donc le socle de nos démocraties.

Pourquoi cet élément central de notre vie semble-t-il bousculé, systématiquement remis en question ? Pourquoi cette phrase n'est-elle pas enseignée dans les écoles de journalisme ou dans les établissements où la plupart de nos femmes et hommes politiques vont se former ? Pourquoi le fait d'écouter semble-t-il désormais le seul apanage des thérapeutes ? Vivons-nous dans un monde où la conversation tend à disparaître, où la conversation se fait plus rare, plus futile ?

Notre monde est devenu un lieu où chacun s'isole, se raidit et n'ose plus aller vers les autres. Certes, on est ultra connecté, mais très souvent centré sur soi et donc peu ouvert aux autres. On se raconte plus que l'on ne s'écoute.

Nos politiques ont banni la conversation de leur mode de fonctionnement et ne savent plus que débattre, donc s'opposer sans s'écouter. Ils cherchent davantage à proférer des phrases qui occuperont les médias qu'à construire des conversations. Un regard dans le métro ou dans la rue

16

peut être perçu comme une agression, une insulte même, plus qu'un mot ou une phrase prononcée. Alors il est temps de se plonger dans une découverte plus approfondie de ce qui nous relie au monde : les conversations. Une plongée dans un univers que nous semblons si naturellement connaître, mais dont les contours et les missions sont de plus en plus flous et dont nous ne percevons plus toujours les intérêts et les réels objectifs. Finalement, à quoi ça sert, une conversation ? C'est quoi, une conversation ? Y a-t-il des recettes pour réussir des conversations ? Avons-nous la même façon de converser à travers le monde, et les conversations dans les différentes cultures ont-elles le même rôle que chez nous ?

Si la parole est fonction, la conversation est action. La conversation est la partie structurée de la parole.

La conversation, selon sa définition, est un échange d'informations entre au moins deux individus, portant généralement sur un sujet précis.

La conversation est une forme courante de communication qui permet à des personnes de faire connaissance.

L'origine latine du mot *converser* est forte de symbole, elle signifie : *vivre avec*.

Chapitre 1

Depuis quand conversons-nous ?

« Un homme bien élevé tient ses croyances
en dehors de la conversation. »

André Maurois

Chaque période de notre Histoire, comme l'écrit Théodore Zeldin dans son livre *De la conversation*, a eu ses sujets de conversations. Nous avons certainement commencé par les conversations fondées sur les échanges primaires de Cro-Magnon, puis nous avons connu les conversations-questionnements des philosophes grecs. Ce sera ensuite, au XVIe siècle, les conversations comme élément social d'échanges qui feront leur apparition. La Révolution apportera son lot de conversations contestataires et pour la première fois, la conversation prendra une tournure politique. Le XIXe siècle sera celui des conversations mondaines et sociales avant de voir le XXe siècle développer des discussions plutôt que des conversations.

On peut prendre le risque de penser, au vu des dernières années écoulées, que le XXIe siècle sera celui de nouvelles formes de conversation, des conversations participatives, des conversations en ligne, des conversations réelles. Ce siècle invente de nouvelles conversations. Pour preuve le phénomène Pokémon Go, qui a monopolisé beaucoup de conversations durant l'été 2016.

La conversation est apparue dès lors que l'homme a commencé à avoir une conscience et un besoin d'échanger. L'intérêt pour les conversations est probablement apparu durant l'Antiquité grecque où des philosophes tels que Platon, auteur des *Dialogues*, aimaient à converser. Les conversations de Platon sont des échanges, des dialogues souvent intérieurs, mais aussi avec des disciples, desquels vont naître de nouvelles recherches et de nouveaux questionnements. Ils permettent de s'interroger, et ainsi de progresser dans la connaissance de soi et des autres. Les *Dialogues* sont des conversations qui permettent, contrairement aux sophistes qui enseignent l'art de convaincre et de plaire, de poser la question du discours vrai. Pour les philosophes, c'est de la dynamique des dialogues que naît la découverte de la vérité.

C'est à partir du XVIe siècle que la significa-
tion du mot *converser* va quitter son sens latin
et se structurer comme un mode éducatif et une
façon de vivre et de s'exprimer en société. La
conversation va gagner ses lettres de reconnaissance et devenir un art à part entière en se dotant
de règles. Elle va alors définitivement signifier
« échange de propos ». La conversation sera théo-
risée par différents auteurs dont Castiglione dans
Le Livre du courtisan en 1528, puis par Della Casa
en 1558 dans *Galateo*, une forme de traité du
savoir-vivre qui explique comment créer, animer,
gérer des conversations. Puis arriveront en 1580
les écrits de Michel de Montaigne, qui consacre
le chapitre 8 du Livre III de ses *Essais* à « l'art de
conférer » (converser), dans lequel il met en avant
les règles de la conversation. « Si l'on est dans la
joute verbale, on n'est plus dans la conversation,
parce qu'on a oublié que la parole est partagée. »

Pour Montaigne, la conversation n'est ni une
joute verbale, ni une controverse et encore moins
une démonstration. Pour lui, la conversation est
un exercice oral, de face à face, où l'on peut se
répondre en direct et dont l'instrument est notre
corps lui-même, alors que l'exercice écrit n'est pas
de cet ordre dans la mesure où il est moins spon-
tané, où la réponse n'est possible qu'en différé
et où les instruments sont artificiels, extérieurs

au corps. Et de rajouter : « Le plus fructueux et naturel exercice de notre esprit, c'est à mon gré la conférence. »

La conversation devient par la suite un langage de salon, une expression policée et convenue. Le XVIIe siècle va installer les conversations, et des auteurs tels que Jean de La Bruyère vont en faire un art à part entière. C'est La Bruyère, en 1688, dans son ouvrage *Les Caractères*, qui va y consacrer un chapitre intitulé « De la société et de la conversation ». Il y donnera sa définition : « L'esprit de la conversation consiste bien moins à en montrer beaucoup qu'à en faire trouver aux autres. »

C'est à cette même période que les conversations vont prendre naissance de plus en plus souvent en extérieur, lors de déambulations dans des jardins. En effet, les « conversations de jardin », où l'on est généralement en petit nombre, permettent une intimité et une liberté dans les propos grâce à l'absence de limites géographiques du lieu. Ces conversations vont se développer en même temps que l'on prend conscience que la nature est une source d'inspiration pour nos vies.

Après avoir été menacée de disparaître pour être jugée trop précieuse dans les salons de mesdames de La Fayette ou de Sévigné, la conversation des encyclopédistes va prendre un nouveau tour et va entrer de plain-pied dans le monde des idées. Elle a pour objectif la coproduction et la diffusion des connaissances. Elle va du même coup devenir plus politique, et donc plus populaire en descendant dans la rue. La conversation n'est plus réservée à une société qui veut tout diriger et codifier ; la conversation est populaire, la conversation est accessible, elle est simple, elle est le moyen d'échanger. Cette démocratisation des conversations va faire naître de nouveaux lieux de conversation avec à Paris des cafés tels que le Procope ou le Chien qui fume, qui deviennent des espaces où les conversations se libèrent, sont plus ardues et musclées, mais où le plus souvent tout le monde réussit à s'exprimer et à s'entendre. Cette conversation politique sera, avec la Révolution et les « conversations d'épouvante » menées par Robespierre ou Danton, remplacée par une période de profond silence, car la défiance va s'installer et on aura peur des représailles que pourrait engendrer telle ou telle prise de position dans une conversation.

Après la Révolution, les conversations deviennent plus énergiques, elles sont marquées par l'absence de censure et par la liberté de

parole ; Mirabeau en est l'un des porte-parole. Au
XIXᵉ siècle apparaissent de nouvelles formes et
de nouveaux lieux de conversation, ainsi qu'une
conversation sexuée dans les salons tenus par des
personnalités telles que madame de Staël et les
cafés littéraires où se retrouvent davantage les
hommes. On y converse de la vie politique et de
la vie économique du pays. À la fin du XIXᵉ siècle,
les conversations ont encore un rôle social important, comme le montre par exemple la publicité
faite lors de l'inauguration en 1893 de l'Hôtel du
Palais à Biarritz, qui mentionne la présence de
« salons de conversation et de lecture ».

La période de l'Occupation a très souvent mis
en scène le risque des conversations, comme l'il-
lustre en 1939 une affiche de Paul Colin procla-
mant « Silence, l'ennemi guette vos confidences ».
C'est dans cet état d'esprit que l'expression « les
murs ont des oreilles » voit le jour.

Les années 1950 ont peu à peu banalisé les
conversations dans une société de plus en plus
individualiste, dans une société qui quittait sa
ruralité, dans une société qui oubliait ses valeurs
et ses repères. C'est ainsi que les « conversations
de bistrot » sont apparues, des moments simples

d'échange sur des sujets courants et où la conversation n'est qu'anecdotes.

Puis progressivement, les conversations ont cédé la place aux bavardages et aux échanges de plus en plus distendus. L'arrivée dans les foyers d'éléments « perturbateurs » tel que les téléviseurs ont remplacé les échanges par des moments individuels de passivité. À la spontanéité des conversations a fait place l'agressivité des débats, à la brillance et à la légèreté des conversations se sont substitués des propos convenus et vides.

Les années 1980 ont vu naître des conversations où les sujets principaux sont devenus « moi » et « je ». L'altruisme de la conversation a été remplacé par l'égoïsme de l'auto-écoute, de l'affirmation et de la prétention assurée. Cette posture a failli être fatale aux conversations.

Et c'est presque naturellement que les deux dernières décennies ont entraîné un repli sur soi, la naissance d'un isolement de plus en plus fort et d'un sentiment d'agressivité, y compris lorsqu'un bonjour de la part d'un inconnu est délivré dans un ascenseur.

L'horizon des échanges à la fin du XXe siècle se limite trop souvent au sol du métro ou des trottoirs des villes, et les seuls sons qui parviennent

25

à ces populations urbaines proviennent majoritairement des casques et écouteurs vissés sur les oreilles. L'observation de certains couples attablés au restaurant montre souvent qu'ils ne sont plus deux, mais deux et demi, la présence d'un téléphone portable faisant office de briseur de silence en étant le prétexte à des sujets de conversation. Certains restaurateurs constatent que leur établissement n'est jamais aussi silencieux que les soirs de Saint-Valentin...

Cette société de fin de millénaire a peur. Peur de se confier, de s'ouvrir aux autres, mais aussi peur des nouvelles technologies qui ne cessent de bouleverser tous les modes comportementaux qui étaient établis depuis longtemps, et qui surtout évoluaient lentement. Dans les relations humaines, le sacro-saint principe de précaution a abîmé le sens de l'autre, le sens et le goût de la parole. Il est certain que ce ne sont ni les politiques en recherche d'affrontements rapides, ni les chaînes d'information en continu en recherche de sensationnel, qui donnent le goût de la conversation ou de la générosité envers l'autre.

L'univers urbain a aussi contribué à affaiblir les conversations en supprimant les espaces permettant les échanges et les dialogues. Les places

du marché ont été remplacées par des super-
marchés impersonnels, et les commerçants par
des automates. La suppression des bancs dans
les villes ou les salles d'attente de lieux publics
isolent et ne donnent que peu l'occasion d'entamer une conversation avec son voisin alors qu'au
XIXe siècle, les salons étaient souvent meublés de
« conversations ». Ce terme désignait un canapé
en forme de S où l'on était assis côte à côte tout
en se faisant face, ce qui facilitait la création de
conversations.

Heureusement, depuis quelques années, il
semble y avoir une prise conscience de l'importance de recréer des lieux d'échange, de favoriser à nouveau l'implantation de petites structures
commerciales permettant de rompre les isolements. On constate que le paysage urbain semble
à nouveau vouloir laisser la place à des espaces
de conversation. Des canapés « conversations »
se trouvent à nouveau commercialisés en abondance, par exemple en tant que mobilier de jardin.

La société décide de transformer les outils et
moyens de communication à la disposition du plus
grand nombre en autant de moyens de conversation. Certaines villes ont compris que les conversations devaient être replacées au centre de leurs

actions, car elles sont un facteur essentiel dans la création de lien social de cohésion.

Comme le constate l'architecte Roland Castro, on construit à nouveau des immeubles qui conversent, c'est-à-dire des lieux dans lesquels on met à la disposition des habitants des espaces qui favorisent les échanges et les conversations. Mais ce ne sont plus des endroits obligatoirement conçus pour cela (espaces de garde d'enfants au pied des immeubles, potagers sur les toits, jardins partagés…).

Montpellier est probablement la ville qui a le mieux élaboré son développement citoyen grâce aux conversations ; depuis près de dix ans, la ville a construit une véritable stratégie plaçant la conversation au cœur de ses échanges avec une approche intitulée « conversation citoyenne », où les Montpelliérains peuvent sans cesse interagir avec la ville et construire une relation avec les élus, mais également entre les habitants des différents quartiers. Le mot conversation est désormais omniprésent dans le vocabulaire de la ville, y compris dans ses manifestations culturelles avec par exemple les Conversations électriques organisées à La Panacée, le centre de culture contemporaine de la ville.

Villepinte, en Seine-Saint-Denis, a élaboré un programme créateur de conversations autour

28

d'un potager partagé. Et au-delà de l'idée du jardin partagé, la ville a bâti son action en créant à chaque étape des raisons de converser. Lors de l'acte de candidature à la parcelle, lors de la Foire aux graines, mais surtout en obligeant les locataires des terrains à cultiver des légumes complémentaires à ceux de leurs voisins. Ainsi, ceux-ci peuvent échanger leurs produits, des conseils, des recettes…

On peut aussi citer les actions développées par l'association J'adopte un potager, qui partout en France transforme des friches en potagers partagés et en espaces de conversation. C'est ainsi que dans sa dernière réalisation à Montlhéry, une parcelle a été réservée à la maison de retraite, favorisant ainsi les échanges et les conversations intergénérationnelles.

Il a fallu que des initiatives de bon sens soient mises en place pour nous séduire et pour que nous osions l'évidence, par exemple la Fête des voisins, créée en 1999 par Atanase Périfant qui en a même créé une version à destination des entreprises pour que les salariés se parlent à nouveau, ou encore le Festival des conversations créé en 2013.

Il faut également rendre hommage à la formidable action Dialogues en humanité, créée en 2002 par Stéphane Hessel et Geneviève Ancel, qui désormais existe dans quinze pays. Liberté de propos, bienveillance des uns envers les autres, égalité de tous face à la question humaine, tels sont les principes sur lesquels se construisent depuis Lyon les Dialogues en humanité. Et quel plus beau logo pour ce mouvement que le symbole des conversations en Afrique, l'arbre à palabre.

Si ces initiatives sont si nombreuses en France, c'est en raison de l'histoire du pays par rapport à la conversation ; si la France est reconnue comme le pays qui a fait de la conversation un art, c'est aussi le pays qui l'a codifiée et donc rendue moins spontanée que chez d'autres. Finalement, l'apparition de nouveaux espaces de conversation amène à plus de spontanéité et de simplicité dans les conversations.

Ce phénomène de repli que l'on a constaté en France n'est heureusement pas mondial, et l'on voit de plus en plus de contrastes entres les cultures par rapport aux conversations, avec des pays même proches de nous, mais où la conversation reste la base de la sociabilité et où parler à l'autre n'est prendre le risque que d'une bonne surprise.

Chapitre 2

Comment apprend-on
la conversation ?

« La légèreté de l'esprit et les grâces
de la conversation sont un don
de la nature ou le fruit d'une éducation
commencée au berceau. »

Honoré de Balzac

Des études menées sur des fœtus montrent que dès le septième mois de grossesse, ceux-ci réagissent aux sons.

À partir de quinze jours, un bébé est capable de reconnaître la voix de sa mère et commence son apprentissage de la parole par mimétisme. À partir d'un mois et les débuts du babillage, les bébés commencent à se mêler aux conversations. Dès neuf mois, les premiers mots sont prononcés et à dix-huit mois apparaissent les premières phrases. Le bébé est ainsi en mesure de converser et de comprendre les principes de la conversation à partir de trois ans. L'apprentissage de la langue et de la conversation se fait donc par pur mimétisme, ce qui veut dire qu'un enfant élevé dans une famille où la place n'est pas donnée à la conversation aura peu de chance d'en devenir lui-même un adepte. Pire, il se renfermera et développera des facultés cognitives plus limitées qu'un nouveau-né qui sera bercé aux sons des conversations.

Les travaux du psycholinguiste Christophe Pallier illustrent parfaitement cela : « Il existerait des cultures dans lesquelles les adultes ne parlent pas aux très jeunes enfants ; ceux-ci apprendraient pourtant leur langue sans problème. Entendre du langage suffit peut-être ; pourtant, il fait peu de doute que parler au bébé en face à face lui soit bénéfique. Cela l'encourage à communiquer en lui montrant que l'on est attentif à lui, et cela lui apprend aussi les "règles" de la conversation. Plus tard, il est certainement utile de jouer avec lui et le langage : jeu de mots sur les synonymes, prononcer des mots "tordus" (déformés en changeant une lettre), car cela développe des capacités qui seront utiles pour l'apprentissage de l'écrit.[1] »

---

1. Extrait d'une interview de Christophe Pallier en 2015.

La conversation fait partie du bagage constitutif d'un individu et c'est bien elle qui est le premier élément nous permettant de communiquer et d'échanger ; avec elle, on entre dans la société, on peut se mêler, aller à la rencontre des autres. Nous devons très tôt apprendre le goût de la conversation. La base de l'éducation donnée aux enfants doit aussi comprendre un volet sur la façon de converser.

En 2008, pour renforcer le bagage langagier d'enfants entre dix-huit et trente mois, le programme Parler bambin, conçu par le docteur Michel Zorman, a vu le jour. Cette expérimentation lancée dans les crèches de Grenoble a connu de tels résultats auprès des enfants qu'elle s'étend désormais à une cinquantaine de crèches en France.

Ce programme a été conçu pour donner aux enfants issus de familles où la parole est peu présente un capital de mots et une envie de converser. Cette méthode est aussi conçue pour aider les enfants timides à oser prendre la parole. À partir de deux ans, les petits parleurs sont conviés à participer à des ateliers de conversation. Parler bambin s'appuie beaucoup sur le lien avec les parents qui doivent, à leur tour, relayer certaines consignes et aider leurs enfants à converser. C'est

33

un apprentissage des deux côtés de la famille qui se met ainsi en place et qui fait se multiplier des audaces à la conversation. Les enfants qui ont eu la chance de bénéficier de ce programme sont beaucoup mieux armés lors de leur entrée à l'école et ont un goût plus prononcé pour la conversation.

C'est aussi durant ces moments d'apprentissage qu'il faut, en même temps que l'on apprend à parler, que l'on apprenne à écouter. Car il est un élément que l'on néglige dans son apprentissage des conversations, c'est le silence. Les silences sont les moments qui nous permettent de nous ouvrir aux autres, d'entendre et de comprendre leurs points de vue. L'apprentissage de la conversation n'est pas celui des débats ou des arguties verbales. Converser ne veut pas dire être d'accord avec ses interlocuteurs, mais apprendre à les écouter ; les silences qui viennent ponctuer une conversation ne doivent pas systématiquement être comblés. La sagesse populaire ne dit-elle pas qu'il faut tourner sept fois sa langue dans sa bouche avant de parler ? Cet apprentissage est pourtant absent du système éducatif et pédagogique français, alors qu'il est très présent en Grande-Bretagne et qu'il existe des chaires de conversation dans les universités américaines, comme par exemple à l'université de New York.

Quel que soit l'outil de communication utilisé pour converser, il faut du temps pour le consacrer à l'autre, pour le consacrer à son écoute. Il faut aussi apprendre l'ouverture ; une conversation, pour être réussie et sincère, doit se faire dans un état d'esprit où l'on accepte de prendre le risque d'être touché par les propos de ses interlocuteurs.

La conversation amoureuse est un territoire qui, avec l'arrivée de nouveaux moyens de communication, est en totale mutation. Le seul langage des lettres et des fleurs ne suffit plus et la plupart des échanges amoureux se concentrent désormais sur des SMS. Pour réchauffer ces échanges, nous y apposons des figures qui viennent illustrer nos propos, mais cela masque mal un manque d'imagination dans les contenus. Les images sont préfabriquées et les propos se limitant à la taille d'un écran de téléphone restent assez plats. Les messages se banalisent et ne surprennent que peu le partenaire, sauf si le SMS est utilisé pour annoncer avec élégance la fin d'une relation, ce qui est de plus en plus souvent le cas. Selon une étude réalisée en Grande-Bretagne par Mashable Social Media en 2014, 10 % des personnes interrogées ont déjà été quittées par SMS et 40 % se disent prêtes à recourir à ce moyen pour mettre fin à une

35

relation ; les hommes sont majoritairement utilisateurs de ce procédé.

Une étude analysant les différences de comportement amoureux entre les hommes et les femmes dans l'usage des SMS, menée en 2015 par les sites *tx.to* et *mercialfred.com*, montre que le temps de réponse dans une conversation est très variable : 2 minutes 30 pour les femmes et 4 minutes 15 pour les hommes ; incapacité à faire deux choses à la fois pour les uns et plus grande impatience pour les autres ?

Il ne faut pas, sous prétexte de vouloir aller vite, négliger le fondement des relations et en particulier de la plus intime d'entre elles, la relation amoureuse. Celle-ci nécessite d'être entretenue par une conversation régulière faite de surprises, d'émotions, de souvenirs à partager et à conserver. Les SMS, dans ce contexte, ne peuvent être que des béquilles, des anecdotes de conversations.

Marek Halter, dans une interview de 2015 où il expliquait les incompréhensions religieuses, déclarait : « Nous sommes dans une société hyper connectée où les gens ne communiquent plus entre eux. Se serrer la main, c'est le premier geste du dialogue. Rencontrer les gens, c'est les toucher. »

Il faut donc savoir joindre le geste à la parole et l'on peut penser que la forme la plus aboutie d'une conversation est bien celle qui fait entrer en action tous nos sens. La conversation physique en face à face est d'une grande sensualité et cela quel qu'en soit le sujet. En effet, dans ces échanges, nos cinq sens sont en action et viennent tous se mettre au service de ce moment de partage. Plus encore que de sensualité, on peut parler de la gourmandise des conversations.

Et pourtant, se livrer ou se mêler à une conversation est quelque chose d'assez accessible : pas besoin de matériel, pas besoin d'accessoires, juste un état d'esprit ouvert à l'autre et du temps pour se consacrer à ce moment. Si la conversation remplit dans tous les pays son rôle élémentaire de créateur de lien et de façon d'échanger avec les autres, elle ne prend en revanche ni la même place, ni ne répond aux mêmes codes ou au même rapport au temps.

37

Chapitre 3

La conversation est-elle partout la même ?

« Le bonjour amène la conversation et la conversation amène la carotte. »

Driss Chraïbi

C'est sur le continent africain que l'art de la conversation prend le plus sa place dans la société et que son rôle est encore le plus central.

En Afrique sub-saharienne, l'art de la « palabre » est une coutume à la base de la vie en communauté. C'est par ce moyen que l'on s'enquiert de l'autre, qu'on lui montre comme on fait attention à lui et que l'on règle les problèmes et les conflits.

Pour donner à ce moment une plus grande solennité, des lieux dans les villages sont réservés à la palabre, telle la *togouna* du pays dogon au Mali, qui est une case réservée aux hommes et à ces moments de libre parole, ces moments où l'on s'intéresse aux autres. La palabre est aussi souvent un élément de la vie démocratique du village ou du clan, dans la mesure où elle est le lieu des échanges et des prises de décision collectives. Certaines tribus africaines organisent une fois par an autour d'un arbre à palabre, une journée où tout le monde a le droit de s'insulter, où tous les mots sont permis. Ils purgent ainsi les rancœurs et les colères, la parole libère et apaise la vie sociale. On retrouve ce même type de comportement dans le fonctionnement des tribus américaines où depuis toujours on s'assoit en cercle pour parler et échanger.

Au Maroc et dans les pays arabes, le temps de la conversation codifie les relations privées comme les relations professionnelles. Impossible de commencer une réunion sans avoir au préalable pris le temps de prendre des nouvelles de la famille de son interlocuteur ; c'est à la fois la base de la politesse, mais aussi une façon de montrer son intérêt pour l'autre. C'est également une façon cruciale pour comprendre l'état d'esprit et la disposition de son interlocuteur ; on saura ainsi comment mener sa négociation. On trouve également cette approche des échanges professionnels au Japon, sous le nom de *nemawashi* ou encore de *ringisei*, qui est un mode d'échange collaboratif.

Mais il existe aussi d'autres occasions qui favorisent les conversations. Il est certain que les tapas espagnoles, qui sont des plats à partager, suscitent plus facilement des sujets de conversation qu'une blanquette que l'on pose sur la table. De même, pour les Marocains, le premier réseau social est le *siniya d'ataye*, c'est-à-dire le plateau de thé à la menthe autour duquel on va échanger dans un moment de partage gratuit. Ce moment place les participants dans les meilleures conditions pour débuter une conversation. Moment que l'on retrouve aussi avec un couscous, qui dans sa forme (ronde) et dans sa façon de le consommer (tout le monde mange directement à partir du plat) favorise l'émergence de multiples conversations. Plus on abaisse les barrières et les contraintes physiques, plus les conversations peuvent se déployer et emplir nos échanges humains.

« La conversation est un festival en soi », disent souvent les Marocains. Il était donc évident que le Festival des conversations vienne poser ses mots au Maroc en février 2016. Dans ce pays, la conversation est, à côté des réseaux sociaux qui sont fortement implantés, le premier lien entre les populations et les générations. La conversation n'y est pas un art, mais juste une manière de se comporter, de vivre.

41

Ce pays, comme le reste du continent africain, sait faire tomber les barrières grâce aux conversations et il y est simple d'aller s'adresser à un interlocuteur d'une autre catégorie sociale. Le succès populaire et médiatique que le festival a rencontré au Maroc est bien la preuve que la conversation est partie prenante de l'oralité marocaine.

Le rapport au temps et à la construction des conversations est également fortement présent en Nouvelle-Calédonie, dans la culture kanak.

Les Kanaks découpent la vie en trois grandes étapes :

- « D'abord tu es les oreilles et tu écoutes,
- ensuite tu es les yeux et tu regardes,
- enfin tu es la parole, tu es sage, tu sais comment faire et tu apprends aux autres, tu partages. »

Ce découpage est bien celui du temps que l'on met pour apprendre à parler, à construire une conversation ; on y retrouve toute la richesse de la citation d'Hemingway.

Ce temps de parole est essentiel dans la façon dont nous devons aller vers les autres et il est temps de prendre conscience que la conversation, c'est l'art du temps, l'art de prendre le temps de l'autre et de s'en enrichir.

Une autre différence de taille entre les cultures des conversations est l'importance des silences ; ainsi, pour les pays du nord de l'Europe, les silences sont des moments à part entière des conversations, des moments d'échange et d'écoute. Il est très compliqué pour un Scandinave qui souhaite avoir une conversation avec un Américain ou un Français d'imposer ses silences, de bien montrer que ces moments ne sont pas faits pour être interrompus et qu'au contraire, il prend le temps de réfléchir à ce qu'il va dire, à la meilleure façon d'exposer son point de vue. Chez certaines tribus esquimaudes, il n'est pas anormal qu'en trente minutes de conversation intense, seules cinq phrases soient échangées.

Les conversations, si elles sont différentes d'une culture à une autre, sont aussi différentes entre les sexes ; d'après une étude réalisée en Tunisie peu après le Printemps arabe, on constate que les jeunes, garçons et filles, n'ont pas les mêmes sujets de conversation lorsqu'ils se retrouvent. Les premiers parlent prioritairement de football, de leurs amis, de leurs études et des filles, quand ces dernières avouent ne parler que d'études, de mode et de leurs amis. On constate les mêmes différences chez nos ados européens.

Aux États-Unis, l'association Free Convo mène à New York et sur la côte Ouest des expériences de conversations ouvertes à tous ; en installant simplement un canapé et des tabourets dans des lieux publics, l'association invite les passants à s'arrêter quelques minutes et à se mêler à la conversation. C'est un succès à chaque sortie ; les New-Yorkais prennent le temps de s'arrêter et de partager un moment, d'apporter un point de vue sur les sujets traités, la conversation est naturelle, sans a priori et sans code. Cette expérience a été menée en 2014 à Paris avec beaucoup plus de difficultés. Les Français ne savent pas oser la conversation, ont des réticences à se laisser porter par une conversation.

À Montréal, la municipalité a mis en place des « placottoirs », qui sont des lieux où l'on est invité à venir placotter, c'est-à-dire bavarder, échanger. Les services de la ville ont même développé une offre à destination des commerçants pour favoriser cette pratique, en précisant que « le placottoir est une zone de rencontre accueillante qui renforce les interactions sociales entre résidents et/ou visiteurs du quartier ».

À Amsterdam est né en 2013 le collectif BankjesCollectief (des bancs pour tous) ; des particuliers ont décidé de lutter contre la solitude et l'isolement en installant des bancs au pied des immeubles et des maisons. Ces bancs permettent aux Amstellodamois de se retrouver pour prendre le temps d'une conversation, et ainsi pour apprendre à se connaître. De quelques dizaines de bancs la première année, ce sont près de 400 bancs qui ont été installés par des particuliers durant l'été 2015. Une action de particuliers qui est très rapidement devenue un modèle pour les autorités publiques de la ville et du pays.

En Angleterre aussi la place de la conversation est bien différente de ce qu'elle est en France. Culturellement, on parle beaucoup plus librement de l'autre côté de la Manche et cela remonte à plusieurs siècles. Quand au XVIIIᵉ siècle Paris comptait quelques dizaines de cafés, Londres en comptait déjà 2 000 au XVIIᵉ siècle, que l'on appelait des Penny Universities et où les conversations allaient bon train sur des sujets très variés, y compris des sujets politiques entraînant dans certains cas l'intervention de la police pour censurer les conversations. Cette liberté et cette démocratisation de la conversation en Angleterre se retrouve également dans le système scolaire, où l'on élève les jeunes à pouvoir débattre et dialoguer entre eux, mais aussi avec leurs professeurs ; ainsi, très tôt, les jeunes Anglais apprennent à avoir une opinion qu'ils peuvent exprimer à partir du moment où d'une part elle est argumentée, et d'autre part ils respectent les autres points de vue. Cette tradition de libre parole et de libres conversations est particulièrement illustrée à Londres par le Speaker's Corner dans Hyde Park, qui existe depuis 1872 et est réglementé par le Park and Garden Regulation Act ; c'est dans ce lieu que des personnalités telles que Marx, Lénine ou encore George Orwell sont venues s'entraîner à la conversation publique. Cette liberté de la conversation en Angleterre se retrouve également dans la peinture avec l'apparition en 1720 de la Conversation Piece, dont Gainsborough fut le chef de file. Il s'agit d'un genre où le portrait est libéré et se réalise de façon informelle dans des lieux extérieurs.

En France, on apprend à parler mais pas à converser. Observez le regard angoissé d'un client entrant seul dans un restaurant et à qui le restaurateur, pour lui éviter la solitude, propose de prendre place à une table où d'autres clients tout aussi angoissés espèrent qu'il ne viendra pas. En Allemagne, c'est un plaisir que de s'asseoir à une *Stammtisch* (table d'échanges) dans une auberge et de faire connaissance avec des personnes juste pour le plaisir de la richesse d'une conversation et de la bonne surprise d'un échange même banal.

La baisse des conversations dans les foyers est aussi due au fait que les repas, qui étaient source de conversations (même conflictuelles) se sont raccourcis, et donc que les échanges s'y sont raréfiés. Pourtant, le repas est un moment privilégié pour les conversations ; l'émission diffusée par France 4 en 2013 *Viens dîner dans ma cité* en est une très bonne preuve. L'on y voyait des invités que beaucoup de sujets opposaient se trouver autour d'un repas dans une démarche d'échanges conviviaux. Sans être d'accord, ils s'écoutaient, prenaient le temps d'entendre les différents points de vue. Jamais un politique n'aurait eu une telle qualité d'écoute et d'échanges si avec les mêmes invités il s'était retrouvé sur un plateau de télévision classique, ne recherchant que la sensation créée par une formule ou la violence d'un affrontement verbal. Bien souvent, les conversations sont devenues des terrains d'affirmation d'un sentiment de supériorité.

Au printemps 2016, une initiative a vu le jour dans les quartiers nord d'Asnières-sur-Seine avec le soutien de la société Lesieur : le Festival des cuisines populaires. Durant trois jours, des binômes (un adulte et un jeune) venaient partager sur place une recette qu'ils avaient réalisée. Pendant ces journées, des communautés ont créé des conversations autour de leurs recettes, des ingrédients utilisés… Cette action a montré qu'il est à la fois simple et urgent de retrouver la convivialité des conversations ; d'autres Festivals des cuisines populaires sont ainsi en train de voir le jour en France. Dans cette expérience, la conversation prend tout son sens de « faire avec ». La conversation qui se crée pendant la préparation d'un repas est également un moment de générosité, puisque l'on offre à l'autre un savoir-faire. Ce savoir-faire partagé devient alors un moment, plus qu'un simple sujet de conversation.

C'est sur ce principe que l'association Le Récho a vu le jour en 2016 pour intervenir dans le camp de réfugiés de Grande-Synthe dans le Nord. Pendant trois semaines, le food-truck de l'association s'est établi dans le camp pour préparer en commun les repas, apporter de la nourriture, mais surtout apaiser les relations des populations du camp entre elles et avec celles de la commune. Autour de ces moments de partage, les conversations (même limitées par la langue) s'engageaient. Les peurs, les réticences et les a priori disparaissaient. Les conversations permettaient de découvrir les autres et devenaient un bien commun, un moment de partage et de générosité entre les communautés. On pouvait retrouver de l'insouciance et de la gaieté dans les conversations qui naissaient dans le camp.

Ces deux exemples illustrent le double sens de la gourmandise des conversations. Un acte généreux et gratuit, un moment où l'on ne cherche pas à imposer, mais à partager.

Dans une société qui se replie sur elle-même à la suite de différents traumatismes économiques, culturels, identitaires et technologiques, nous sommes de plus en plus seuls et pourtant nous n'avons jamais été aussi connectés les uns aux autres. Nous n'avons jamais eu autant de moyens pour connaître les autres et nous ne nous en servons pas, ou pas bien. Nous n'avons jamais eu autant la possibilité de l'autre, mais cet autre nous fait peur car il peut remettre en cause nos certitudes.

La conversation est aussi nécessaire que de respirer. Elle est essentielle dans nos vies pour être en mesure de dire et de faire « nous ». La conversation est la générosité de l'autre, elle est « oser » l'autre. Elle permet de mesurer le risque que l'on prend de voir son opinion évoluer, et d'accepter de le dire. Comme l'écrit le philosophe marocain Ali Benmakhlouf dans son ouvrage *La Conversation comme manière de vivre*, la conversation est de plus en plus présente dans nos vies. Elle devient une valeur refuge. Et d'ajouter : « Nous tenons les uns aux autres par la parole. » En effet, nous prenons conscience que la conversation est notre bien commun. Un patrimoine que nous nous plaisons de plus en plus à défendre, mais surtout à enrichir et à moderniser pour le placer au centre de nos nouveaux espaces de conversation.

Quelle que soit sa forme, physique, téléphonique, SMS, e-mail ou autre chat, une conversation, pour être réussie, doit toujours s'appuyer sur le temps que l'on donne naturellement à l'autre.

Une conversation n'est pas obligatoirement sérieuse ou grave, d'ailleurs les sujets de conversation préférés des Français sont à 80 % la météo, puis la gastronomie, la musique et le vin, le football ne totalisant que 51 % des suffrages. On le constate, la conversation est un moment simple, où l'on partage nos points de vue, nos idées, nos émotions.

Mais une conversation n'est pas un bavardage. Elle doit avoir un objet, il faut lui donner un sens, il faut aussi savoir la guider afin qu'elle ne s'échappe pas dans des circonvolutions lointaines. Il faut savoir arrêter une conversation et puis savoir avec qui on la construit si l'on ne veut pas prendre le risque de la faire tourner à l'affrontement verbal. C'est ainsi que pour les Anglais, une conversation doit bannir trois sujets : le sport, la politique et la religion.

Finalement, aimer converser, c'est simplement faire preuve d'attentions.

Deuxième partie

On n'a jamais eu autant d'espaces pour converser

« *L'amour n'est qu'une forme de conversation où les mots sont mis en action au lieu d'être parlés.* »

David Herbert Lawrence

Pour se construire et se développer, une conversation doit aussi trouver son territoire d'expression. Une conversation nécessite un lieu, et aujourd'hui ces lieux se sont multipliés et ont pris des formes très différentes. C'est un plaisir que de voir le mobilier urbain de la société alsacienne Sineu Graff s'implanter dans notre paysage urbain ; cette société fabrique des fauteuils et des bancs conçus pour permettre aux conversations de se développer (par exemple avec des fauteuils en face à face). De plus en plus de communes recréent des espaces favorisant les rencontres et les conversations, que ce soit dans le choix du mobilier urbain ou dans l'aménagement d'espaces en pied d'immeubles. On voit également revenir les logements participatifs qui, sur le principe des constructions des Castors dans les années 1950, proposent des immeubles avec des lieux de partage et d'échange qui vont au-delà des lieux pour ranger les vélos ou les poussettes. Ces projets permettent aux populations de créer leurs espaces de conversation partagés dès la conception de leur habitat.

Mais les conversations se propagent aussi par l'intermédiaire de lieux thématisés tels que les iDTGV où l'on peut choisir son voisin, et donc le

52

type d'échange que l'on souhaite avoir durant son trajet.

C'est aussi le sens de l'entreprise BlaBlaCar qui, au-delà de nous transporter à moindre coût, est faite pour donner des occasions de converser avec de nouvelles personnes. Plus qu'un moyen de transport, la société propose des espaces de conversation, des lieux et des moments de sociabilisation.

Et il existe désormais aussi tous les espaces digitaux à notre disposition pour construire des conversations ; des espaces et des outils qui nous permettent, à tort ou à raison, de construire nos conversations.

Mais comment ne pas être inquiet d'avoir tant d'éléments à notre disposition alors que nous ne les comprenons pas toujours ? Comment ne pas nous inquiéter pour nous-mêmes, quand nous sommes 64 % à dormir avec notre mobile à côté de nous et que nous consultons ce même téléphone cent cinquante à deux cents fois par jour ? Comment ne pas être inquiet en entendant ce témoignage d'un enseignant rapportant le cas d'un élève d'une quinzaine d'années qui parle tous les soirs avec son téléphone, avec qui il a de vraies conversations grâce à Siri ! (Siri est une application développée par Apple en 2011, qui comprend

53

les instructions verbales données par les utilisateurs et répond à leurs requêtes. Elle peut certes permettre d'apporter des informations pratiques ou faciliter l'utilisation de son téléphone, mais en aucun cas ne peut être considérée comme un outil capable de sentiments ou d'intelligence en mesure de construire une conversation.)

Il est évident que nous passons de plus en plus de temps connectés et que ces connexions multiples nous permettent d'entrer en contact avec une masse de personnes et d'informations.

C'est Sherry Turkle, psychologue et professeur au MIT qui, dans son ouvrage *Alone Together* paru en 2011, a mis la première en avant les dysfonctionnements de nos usages : « Les appareils toujours allumés et toujours sur nous fournissent trois fantasmes puissants : que nous serons toujours entendus, que nous pouvons mettre notre attention partout où nous voulons qu'elle soit, et que nous n'avons jamais à être seuls. En fait, nos nouveaux appareils ont fait de la solitude un problème qui peut être résolu. » Pour Sherry Turkle, le numérique nous permet d'éditer nos vies comme nous le souhaitons et de changer notre état d'esprit comme nous l'entendons ; en effet, il est simple de partager un moment sur Facebook, d'y modifier son statut ou de partager sur tous les réseaux sociaux son activité réelle ou fictive.

Une étude d'août 2015 réalisée par le Pew Research Center décrit de la façon suivante le comportement des Américains avec leur mobile :

* 92 % en possèdent un ;
* 80 % déclarent que leur dernière relation sociale est passée par son intermédiaire ;
* 67 % le consultent en permanence.

Nous devons comprendre que ce sont des outils de conversation que nous avons à notre disposition ; pour ne pas les subir, il faut dominer nos usages et rompre les états de manque dont parle l'éthicien américain Tristan Harris qui compare également nos comportements compulsifs avec nos mobiles à ceux des joueurs de machines à sous.

Notre façon d'utiliser ces outils digitaux a évolué en une dizaine d'années et nous sommes passés d'un apprentissage où nous apparaissions cachés dans le monde numérique (avec par exemple la création d'avatars sur des réseaux tels que Second Life en 2003) à une utilisation où nous avançons aujourd'hui partiellement démasqués. C'est bien sous notre identité que nous nous présentons, mais en revanche nous déclarons nos sentiments comme nous voulons nous montrer aux autres.

Ce que Warhol appelait en 1968 le quart d'heure de gloire (« *15 minutes of fame* ») est désormais une réalité très accessible et il suffit pour s'en convaincre de voir la façon dont certains de nos contemporains se veulent paparazzi à la recherche d'un scoop, ou encore le nombre de vidéos postées sur des sites comme Youtube (trois cents heures de vidéos ont été uploadées chaque minute en 2015) à la recherche du maximum de vues possible et d'une gloire bien éphémère.

Désormais, l'utilisation des réseaux sociaux cherche à donner l'image de nous la plus positive possible en enjolivant certains statuts ou même en traquant les informations négatives qui peuvent exister sur ces réseaux. C'est ainsi que depuis quelques années, on a vu apparaître d'une part des spécialistes de la e-réputation, mais aussi des associations se regroupant contre ces réseaux pour accorder le droit à l'oubli et la suppression de certaines informations.

Toujours selon Sherry Turkle, « Nous nous sommes habitués à une nouvelle manière d'être seuls ensemble : avec la technologie, nous sommes en mesure d'être les uns avec les autres, et ailleurs tout en même temps, connectés à qui

56

nous voulons, quand nous le voulons. Envoyer des SMS et des e-mails, mettre à jour notre statut Facebook : tout cela nous permet de nous présenter sous notre meilleur jour, comme nous rêvons d'être. Car nous pouvons nous éditer, c'est-à-dire tout modifier. Et ainsi personnaliser nos vies. Si nous voulons être à la fois en dedans et en dehors de l'endroit où nous sommes, c'est aussi parce que ce que nous apprécions le plus, c'est de contrôler ce à quoi nous accordons notre attention.[1] »

Dans son dernier ouvrage, *Reclaiming Conversation*, Sherry Turkle est néanmoins plus optimiste et démontre comment d'un côté nous avons besoin des conversations pour nous engager dans le monde, et comment malgré tous ces outils connectés autour de nous, nous réussissons à avoir des moments très qualitatifs pour développer de vraies conversations.

Nous commençons à éprouver le besoin des conversations, et les positions de Sherry Turkle ou de Tristan Harris sont toutefois de plus en plus contestées car jugées trop extrémistes et pessimistes. Le philosophe des technologies Stéphane Vial parle même de « panique morale » quand il les évoque. Il s'agit probablement de la part de

---

1. Extrait de *Alone Together* paru en 2011.

ces chercheurs d'une vision trop académique de la conversation, qui ne pourrait se déployer que dans le cadre d'un échange physique.

S'il est certain que l'on ne peut avoir de bonne conversation qu'en faisant une seule chose à la fois, qu'en étant dans un état d'esprit à converser, on peut en effet désormais faire appel à de nombreux passeurs conversationnels.

La question est alors simple : est-ce que nous préférons les connexions aux conversations, ou pouvons-nous converser connectés ? Et si, grâce à toutes ces formes de conversation à notre disposition, nous parvenions à nous ouvrir vers plus de gens et à démultiplier nos conversations ?

Notre siècle a définitivement l'opportunité de devenir le plus conversationnel depuis le début de l'humanité. Soyons audacieux et tentons cette chance-là. Utilisons toutes les formes de conversation qui s'offrent à nous comme des cadeaux et des espaces d'expérimentation pour rencontrer de nouvelles personnes, pour découvrir de nouveaux sujets de conversation.

Chapitre 4

La conversation n'est-elle que verbale ?

*« Une heure de conversation
vaut mieux que cinquante lettres. »*

Madame de Sévigné

L a conversation n'a été pendant des siècles qu'orale, et elle ne reposait que sur les échanges physiques. Depuis la préhistoire, nous n'avions que ce moyen (la parole) pour échanger, pour converser.

Le langage des signes élaboré pour les sourds-muets par l'abbé de l'Épée en 1760 a permis la création d'un autre format de conversation reposant sur les gestes, mais limité en terme d'usage.

Le téléphone (inventé par Graham Bell en 1876) a permis de délocaliser les échanges et de régler le problème du lieu des conversations ; plus besoin d'être physiquement ensemble pour mener une conversation. Mais il restait le problème de l'ubiquité de la conversation.

Et là, pour la première fois, cela devient possible avec le numérique. Nous pouvons désormais construire des conversations sur différents supports grâce à la fluidité des connexions, mais aussi grâce à la démultiplication des écrans.

Après avoir certainement trop utilisé le digital et les réseaux sociaux comme des lieux où nous étalions nos vies, nos sentiments, nos ressentis, nous sommes en phase d'apprentissage de tous ces outils qui sont à notre disposition. En moins de cinquante ans, nous sommes passés de foyers ayant un téléphone pour tout le village à des foyers qui aujourd'hui possèdent en moyenne 6,5 écrans, 82 % des Français connectés à Internet[1] et une utilisation de plusieurs écrans en simultané. De quoi perturber et modifier nos comportements sociaux. Cette abondance de moyens de communication a généré une avalanche de pseudo-conversations en ligne. Le nombre de SMS échangés a supplanté celui des conversations téléphoniques. Chaque jour aux États-Unis, 2,5 milliards de messages sont envoyés par SMS.

Il y a eu inconsciemment abus d'usage de ces moyens et de ces espaces, comme pour compenser l'incapacité à converser oralement. Sous le

---

1. Source : INSEE, 2013.

prétexte de la distance que donne l'écran, des choses impensables dans la vie réelle ont été osées, on y a vu de l'arrogance, de l'agressivité, de la dénonciation, entraînant même des situations dramatiques dans certains cas. La distance procurée par les outils utilisés a donné l'illusion que ce qu'il se passait dans ces espaces n'était pas la vraie vie et que tout y était donc possible. Cet anonymat des réseaux sociaux laisse apparaître de plus en plus de violences verbales.

L'agence Kantar a mené en janvier 2016 une étude pour connaître les insultes les plus utilisées sur Facebook, Twitter, les forums et les sites de journaux nationaux. En moyenne, deux insultes sont postées chaque seconde ! Une étude menée par l'association Respect Zone a par ailleurs montré que le rejet des messages pour leur caractère injurieux a augmenté de 3 % en un an, arrivant à 27 % de rejets en 2015.

Les principales raisons de ces rejets sont :
- insulte : 22 %
- agression verbale : 20 %
- racisme : 19 %
- diffamation : 15 %
- appel à la haine ou à la violence : 15 %
- manque de respect : 7 %
- homophobie : 2 %

Cette violence massive et répétitive entraîne de plus en plus de drames chez les adolescents, pouvant aller jusqu'à des suicides. C'est aussi en raison de ces déversements de haine que des artistes tels que Michel Polnareff ou Christophe Willem ont préféré fermer leur compte Twitter. Et pourtant, tous ces espaces sont de formidables lieux d'échange et d'ouverture. À condition de respecter certains principes (ne faire qu'une chose à la fois, se donner le temps de l'échange), on peut désormais établir de véritables conversations avec des personnes qui ne sont plus en face de nous. Nous avons enfin la possibilité de construire des relations quand nous le voulons, et plus uniquement quand nous le pouvons.

Les excès dans les pratiques tendent aussi à disparaître et les usagers de ces nouveaux moyens de converser développent des règles de politesse dans les lieux publics ; on parle désormais de « netiquette ».

Il aura fallu aussi plusieurs années d'apprentissage et d'usages pour admettre que des conversations se construisaient par le biais du digital. Cette évolution est particulièrement vécue et comprise grâce à la génération des « digital natives ». Lorsque l'on regarde le comportement des 15/25 ans, on constate que leur usage du digital est assez simple : réseaux sociaux, chats, forums, blogs, moteurs de recherche et sites de diffusion de vidéos. Ils sont également très prudents dans leurs usages de ces espaces de conversation (seuls 3,5 % affirment que le Web est sans danger) ; la grande majorité des 15/25 ans nouent très peu de relations directement sur Internet, et s'en servent principalement pour échanger avec des personnes de leur entourage.

La maîtrise de ces outils et de leurs usages permet finalement une dynamisation des réseaux familiaux, avec pour la première fois un apprentissage inversé ; ce sont les plus jeunes qui apprennent aux plus âgés, qui leur font partager leurs expériences. L'utilisation de ces espaces de conversation favorise les échanges et les partages d'expériences entre les générations, et nous pouvons avoir de réelles avancées communes en élaborant l'apprentissage de nos usages des conversations digitales.

Désormais, le digital fait naître des conversations comme moyen de travailler ensemble et c'est ce que l'on découvre dans les lieux de coworking tel que Darwin à Bordeaux ou La Ruche à Paris. En un an, les espaces de coworking ont progressé en France de 44 %, avec 360 espaces collaboratifs répartis sur tout le territoire[1]. Ces lieux sont vécus comme des espaces de conversation professionnelle, des endroits où les échanges entre les entreprises permettent de pérenniser et de développer les activités. Ainsi, dans 59 % des cas, les coworkers sont amenés à travailler sur des projets communs, et au-delà des liens professionnels, des événements extra-professionnels sont aussi partagés comme des ateliers (73 %) ou des apéros (66 %).

Au-delà de ces conversations qui naissent dans des lieux dédiés au travail, il y a les conversations comme moyen d'apprendre ensemble. Ce sont les actions menées par Simplon avec l'école Centrale de Marseille, où les méthodes d'apprentissage reposent sur des conversations et des échanges entre les élèves de l'école et des jeunes issus des quartiers défavorisés de la ville ; ou encore les conversations intergénérationnelles, avec les expériences qui sont menées à la Gaîté Lyrique à Paris comme les ateliers Game Older, où les seniors viennent s'initier à la pratique et à la création de jeux vidéo.

---

1. Source : *maddyness.com*, 20/10/2016.

Ce sont les petits-enfants qui le plus souvent aujourd'hui viennent enseigner à leurs grands-parents les usages et les modes de fonctionnement des conversations digitales. Ils ont généralement l'expérience, la patience et la liberté que les enfants n'ont pas avec leurs parents. Les grands-parents parlent souvent des « sourires » que leurs petits-enfants leur envoient au travers de leurs SMS, et pour eux ce sont bien des conversations qu'ils ont ainsi. Oui, le digital permet de créer des conversations qui brisent les isolements générationnels et favorisent les véritables échanges.

Les expériences menées pour lutter contre les problèmes de logement des plus jeunes et de maintien à domicile des seniors, avec Un toit à partager à Lille ou Paris Solidaire à Paris, montrent qu'au-delà des solutions d'hébergement, ce sont des liens au travers des conversations qui se créent. Et des conversations qui font tomber les barrières des a priori et des incompréhensions entre les générations.

La nouvelle économie du partage, l'Économie sociale et solidaire (ESS), est dans de très nombreux cas génératrice de conversations et créatrice de liens. De La Rescousse à Asnières-sur-Seine (une plate-forme d'aide à la réalisation de petits dépannages), à Blablajob à Arras (qui permet à des jeunes de découvrir le monde de l'entreprise et de trouver un emploi en bavardant avec le chef d'entreprise qui les accueille), en passant par Lire et faire lire (qui donne l'envie de lire à 400 000 enfants par an grâce à 20 000 retraités lecteurs), ce sont des actions qui suscitent de la conversation et qui placent la conversation au cœur de leur démarche en démontrant que la conversation est le point de départ de riches expériences.

Les conversations numériques, grâce aux opérateurs qui ont développé les forfaits illimités, sont devenues accessibles à tous, y compris aux personnes se trouvant à l'étranger. Les moyens de conversation d'aujourd'hui permettent de susciter des conversations instantanément, juste parce que l'on en a l'envie et la possibilité (un écran, une connexion).

L'étude menée en 2014 par le Digital Society Forum d'Orange sur le migrant connecté montre à quel point tous ces outils en accès simple et à un coût raisonnable évitent l'isolement et le déracinement. Les diasporas restent désormais connectées entre elles, mais aussi avec leur propre pays d'origine. Ici, les conversations sont voulues, sont entretenues et enrichies par des conversateurs répartis dans le monde qui viennent librement se mêler aux conversations.

Nous avons la chance de vivre une révolution unique dans l'histoire de notre humanité : le passage d'une conversation exclusivement orale à une conversation qui prend également une forme écrite. Nous n'en sommes qu'à ses prémices et nous devons donc au fur et à mesure que nous domptons ces outils construire nos guides du savoir-être et nos apprentissages.

Oui, notre conversation est multimodale et oui, elle nous permet d'être partout présent et de nous connecter à un monde beaucoup plus vaste et beaucoup plus riche.

Chapitre 5

Les conversations sont-elles source d'isolement ?

« En Angleterre, l'art de la conversation consiste à se taire. »

Pierre Daninos

L e risque couru aujourd'hui avec tous les nouveaux outils de communication est paradoxalement un repli sur soi, en pensant que seuls ces outils peuvent nous relier au monde. Or, être dépendant de ces outils plonge dans une forme d'isolement qui peut être dangereux car très enfermant. Il est indispensable de continuer à se risquer aux contacts physiques, car ils sont les seuls moments où tous les sens sont concentrés vers une conversation.

Les conversations digitales ne doivent pas isoler en permettant de se cacher derrière des « moi de substitution », sinon ce n'est jamais une conversation, mais un leurre ou un mensonge.

La conversation, quel que soit son support et son mode d'expression, est un moment de sincérité et de vérité. Au même titre qu'une conversation physique où l'on ne se dévoilerait pas, une conversation digitale où l'on avance caché derrière un pseudonyme, en se dotant d'actions ou de pouvoirs artificiels, est une imposture. Dans une conversation, il faut se livrer totalement, sincèrement, spontanément, et les réseaux digitaux peuvent y participer.

Le bon sens dont font preuve les « digital natives » est de ce point de vue très intéressant ; quand les générations des quinquas et des quadras ont fait leurs premiers pas dissimulés sur le digital, eux ont le courage d'avancer tels qu'ils sont. Ils n'arrangent pas plus leur vérité digitale que leur vérité du monde réel et il est temps là aussi de leur faire confiance et de davantage les écouter pour faire évoluer les points de vue et les pratiques des conversations digitales.

Bien sûr que certains abusent et se renferment derrière leurs écrans pour s'inventer des mondes parallèles et des mondes d'audace, bien sûr que certains vivent sur l'illusion du nombre « d'amis » dans leurs communautés, mais ce sont souvent de grands timides qui trouvent là une autre façon d'exister. Ils ont bien souvent des comportements atypiques et qui doivent être surveillés, car à risque, à commencer par celui de faire de mauvaises rencontres.

L'arrivée de ces nouveaux espaces de conversation a tendance à exacerber ces comportements : rendre les timides encore plus timides dans le monde réel et dans le monde virtuel, et rendre les bavards et les adeptes des conversations encore plus bavards car ils utilisent ces espaces comme autant de possibilités d'échanger, de dialoguer, de se confronter aux autres.

Mais notre monde paradoxal cherche également de plus en plus de transparence et de vérité. C'est dans ce contexte qu'est né en 2015 un nouveau réseau social, Beme, créé par l'icône de Youtube Casey Neistat. Ce réseau repose sur la diffusion de vidéos de dix secondes maximum, qui ne peuvent pas être modifiées ni retouchées. Ainsi, les utilisateurs de ces nouvelles conversations ne peuvent pas les enjoliver et font le choix de l'honnêteté.

Si ces réseaux sont à l'origine destinés aux particuliers, on voit de plus en plus de marques venir s'immiscer dans ces lieux de conversation. Ainsi, les marques du secteur alimentaire et de la restauration sont de plus en plus présentes sur Instagram. Starbucks (deux millions de followers) est dans cet univers l'entreprise qui utilise probablement le mieux ce réseau pour échanger avec ses consommateurs, mais surtout pour les inciter à eux aussi poster des photos de leurs moments dans les établissements de la marque. Les marques cherchent à créer du lien, à prolonger la relation, à engager la conversation avec un maximum de clients réguliers ou occasionnels.

Ces réseaux permettent aux marques de conserver une présence dans l'esprit du consommateur au-delà des moments de consommation. Elles cherchent ainsi à maintenir et à créer des conversations autour des photos de moments de consommation.

Ces nouveaux espaces sont à utiliser comme des amplificateurs, des moyens de conversation pouvant même devenir des sources d'enrichissement des conversations.

Chapitre 6

Les conversations sont-elles source de dangers ?

« Je maile, donc je suis. »

Cadre du XXIᵉ siècle

Comme tous les abus et les comportements non maîtrisés, les conversations digitales comportent des dangers dans leur utilisation.

Quand on sait mettre, presque naturellement, un terme à une conversation physique, le digital a rendu beaucoup de ses utilisateurs esclaves volontaires de ces outils et de ces modes de conversation.

La génération des quinquagénaires semble penser que si elle n'est pas en mesure de répondre immédiatement à une sollicitation de conversation, elle va basculer dans la catégorie des « has been ». Elle est devenue une génération d'intoxiqués de la conversation instantanée.

Le premier exemple est l'utilisation de l'e-mail en entreprise. Observons quelques instants les cadres d'une quarantaine d'années. Ils vivent en tripotant machinalement leur smartphone pour savoir si un nouvel e-mail n'est pas arrivé, une sorte de doudou rassurant et réconfortant qui semble leur dire « ne t'inquiète pas, tu es toujours salarié de l'entreprise ». En moyenne, cet exercice prend deux heures par jour !

Savoir qui sera en copie des e-mails reçus est une autre source de stress. Car si le patron voit ce que dit un collègue, que va-t-il penser ? Calculez le temps perdu pour tous ces destinataires et la hausse du stress engendré par l'arrivée d'un nouveau message en se demandant ce qu'il pourrait cacher comme piège.

Et que penser du même comportement pendant les week-ends ou les vacances, comme si désormais personne ne pouvait comprendre que dans ces moments de détente, on peut avoir autre chose à faire que de consulter sa messagerie professionnelle.

Ce qui est tout aussi grave, c'est que dans l'esprit collectif, sous prétexte qu'un mail a été émis avec des dizaines de personnes en copie, le destinataire va s'en occuper et gérer le point évoqué.

L'abondance de ces messages a un effet pervers sur l'être humain au travail. 43 % des salariés français sont interrompus au moins toutes les dix minutes et 31 % avouent être distraits dans leur travail par la gestion des e-mails[1].

Une étude réalisée par l'Observatoire sur la responsabilité sociale de l'entreprise en octobre 2011 mettait en avant le côté isolant des e-mails par rapport aux collègues. 38 % des personnes interrogées dans le cadre de cette étude reçoivent plus de 100 e-mails par jour et considèrent que cet afflux isole et décourage les conversations physiques.

Le principe de précaution est venu régir une grande partie de nos vies. « En écrivant, je me protège, je me couvre », mot passé dans le langage courant de l'entreprise.

La loi Travail, dite loi El Khomri, débattue en 2016, propose toutefois un « droit à la déconnexion » pour les salariés, s'inspirant du rapport établi en 2015 par Bruno Mettling (Orange). Il s'agit de permettre aux salariés de ne pas répondre à leurs e-mails professionnels hors du temps de travail en leur apportant la protection juridique nécessaire. Là encore, le bon sens devrait être plus efficace et plus naturel qu'une mesure législative.

---

1. Source : Créfac, 2012.

Il est temps de donner à ces espaces de conversation un rôle d'outil et de média, et non plus un rôle asservissant. Il faut désormais être en mesure de construire les règles d'utilisation pour ne pas se laisser envahir, et en y mettant un peu de bon sens, ces écrans deviendront de véritables outils et non plus des machines intrusives.

Des entreprises se sont lancées dans la création de moments sans e-mail ; d'abord Intel aux États-Unis puis, en 2011, c'est Atos en France qui lance son programme Zéromail. Après 4 ans avec une journée par mois sans e-mail, l'entreprise aurait fait baisser de 70 % le volume des e-mails internes. La société PriceMinister a également lancé une demi-journée par mois sans e-mail, avec un but avoué clairement affiché : aider les salariés à mieux communiquer entre eux. Mais ce n'est pas de l'interdiction que viendra la bonne utilisation de ces outils, mais des bonnes pratiques reposant sur le bon sens. C'est d'ailleurs la raison pour laquelle Atos a mis en place, en parallèle des journées Zéromail, des formations pour la bonne utilisation des outils de communication interne.

À l'heure où la pénibilité et le stress sont des éléments qui sont pris en compte dans les conditions de travail des salariés, il faut désormais que les directions des ressources humaines sachent accompagner les salariés dans la gestion des conversations par e-mail, cela afin d'éviter les phénomènes de culpabilisation et de stress.

De plus en plus d'entreprises et de DRH cherchent à accompagner les salariés dans les usages de tous ces outils. Le Festival des conversations intervient désormais régulièrement au sein des entreprises pour leur redonner le goût d'une conversation. Ainsi, des modules ont pour but de prendre la maîtrise sur les moyens de conversation à disposition des salariés en travaillant sur la trace que l'on veut laisser dans le cadre de la conversation, et ainsi aider à choisir le meilleur moyen de conversation.

Au fil des années, on se rend compte que l'e-mail n'est pas un moyen de conversation très adapté, mais plus un moyen de communication.

Des structures telles que Architectes de sens, née en 2016, interviennent dans les entreprises pour resensibiliser les salariés aux usages oubliés comme l'écriture ou la conversation. Ces démarches menées par les entreprises ont également pour objectif de donner du sens au quotidien des salariés et de leur apporter un enrichissement au-delà de leurs missions quotidiennes.

Les entreprises font également de plus en plus souvent appel à des *space planers*, dont les missions consistent à concevoir des espaces favorisant les échanges entre les collaborateurs.

Les coins-cuisine deviennent des espaces de partage de temps et de conversation, où les baby-foot côtoient les canapés et les tables basses, où l'on se retrouve pour converser. Des entreprises à l'image de Sales Force à Londres proposent même à leurs salariés des salles de méditation. Les sociétés ayant mis en place de tels espaces voient l'usage des e-mails internes diminuer naturellement, et constatent un regain de bien-être déclaré de la part de leurs équipes. Mais ce type de démarche va de plus en plus loin. Air Liquide a par exemple créé des fonctions de « Chief of Happiness » ou de « Wellness Manager ». Le bonheur en entreprise semble donc aussi être en mesure de passer par le chemin des conversations.

De plus en plus d'espaces permettant de créer, de suivre ou de se mêler à des conversations sont à notre portée ; désormais, il est possible de lancer une conversation où que l'on se trouve, y compris dans les nouveaux arrêts de bus que déploie la RATP et qui sont équipés d'une prise de recharge universelle pour smartphone ou tablette, évitant ainsi de rompre une conversation pour manque de batterie !

Troisième partie

De la maison au bureau, les conversations deviennent un fil continu

« La conversation doit tout aborder,
mais ne rien approfondir. »

Oscar Wilde

Sommes-nous de moins bons « conversation-nistes » que nos aînés ? Avons-nous perdu le sens et le goût des conversations ? Sommes-nous incapables de prendre le temps de converser, occupés que nous sommes derrière nos écrans ?

Il est temps de dire que la conversation est en train de muter et de s'enrichir de tous ces nouveaux espaces qui sont désormais disponibles. C'est une chance unique depuis les débuts de l'humanité où rien de comparable n'avait eu lieu. Désormais, il est possible d'inventer de nouvelles formes de conversation, cela bien sûr en acceptant d'apprendre à s'en servir et en prenant le temps de les utiliser pour ce qu'elles peuvent apporter, et pas par simplicité ou paresse.

Il faut à nouveau prendre le risque des conversations ; nous avons de formidables moyens à notre disposition pour les oser.

Si nos aînées étaient des salonnières qui favorisaient les conversations dans la douceur des décors de leurs hôtels particuliers tout au long du XVIIIᵉ siècle, nous avons tous désormais en nous la possibilité de devenir des salonnières et des salonniers nomades du XXIᵉ siècle.

Chapitre 7

Du virtuel au réel et du réel au réel

« La conversation d'un homme
est le miroir de ses pensées. »
Proverbe chinois

Les conversations sont désormais totalement interconnectées entre le virtuel et le réel, et passent d'un plan à l'autre sans difficulté.

Mais on constate aussi que les grands acteurs des conversations virtuelles organisent de plus en plus de conversations physiques. C'est le cas du site de rencontres Meetic, qui a mis en place une offre (Events) reposant principalement sur les communautés physiques. Partant du principe que la vie numérique n'est pas séparée de la vraie vie, ce site propose des moments qui réunissent des célibataires dans des lieux tendance et conviviaux, sans que la marque n'apparaisse. C'est Meetic qui propose et invite chaque célibataire inscrit, actif ou abonné à des soirées, suivant la tranche d'âge et le lieu de résidence de celui-ci.

Chaque utilisateur Meetic ayant confirmé sa présence peut venir accompagné de trois célibataires qui ne font pas encore partie de la communauté Meetic. Chaque soirée réunit entre quatre-vingt et deux cents personnes suivant le lieu où la soirée est organisée. En 2015, ce sont près de 60 000 célibataires qui se sont rendus aux soirées Meetic, et le site organise désormais également des cours de cuisine et d'œnologie.

Le site Leboncoin est également un espace qui favorise la naissance de conversations. Certains acheteurs ou vendeurs sont passés maîtres dans la création de conversations lors de rencontres pour prendre possession de l'objet acheté. Il ne s'agit pas de mauvais plans drague, mais bien de l'envie de profiter de ce lieu de rencontres pour créer des liens majoritairement éphémères, mais qui enrichissent une journée.

La conférence TedX de Kio Stark (pourtant non conversationnelle dans sa forme) en février 2016 avait pour titre « Pourquoi nous devons parler aux étrangers » et a été visionnée plus de 1 500 000 fois dans le monde. Dans cette vidéo, la jeune écrivaine met en avant les bonheurs que procure le fait de converser avec des inconnus, juste pour le plaisir de prendre le risque d'une bonne surprise, d'une rencontre étonnante, pour quelques secondes ou pour toujours. Cette magie est le fait de l'audace des conversations, mais aussi de leur légèreté et de leur capacité à disparaître en laissant une trace plus ou moins importante dans nos mémoires. Pour lutter contre le côté trop volatil de certaines de nos conversations (souvent tendres et amoureuses), le site *tx.to* propose dans la même veine d'imprimer les conversations SMS sous la forme de rouleaux comparables aux papyrus des Égyptiens, pour que l'éphémère devienne durable.

Désormais, le monde dans lequel nous évoluons est au minimum bicéphale, avec d'un côté le besoin du lien constitué par les conversations digitalisées et dématérialisées, et de l'autre le besoin de ces moments physiques offerts par les conversations en face à face. C'est ainsi que partout dans le monde, au-delà du Festival des conversations en France ou des placottoirs de Montréal, on voit se multiplier les Cafés de conversation, les Cafés Socrate, etc., qui vont jusqu'à regrouper plus de 2 000 participants, comme c'est le cas à Londres.

Depuis septembre 2016, la brasserie parisienne Le Balzar, haut lieu de la pensée, des idées et de la réflexion, où Sartre but ses premiers galopins de bière et venait converser avec Simone de Beauvoir, a lancé le Balzar des conversations.

Tous les deux mois, des conversations y sont lancées autour de personnalités (Vincent Cespedes, Roland Castro…) qui viennent se mêler aux conversations des habitués. La conversation y redevient ludique et profonde, mais surtout partagée et généreuse.

La vie se construit de plus en plus en tribus, mais en tribus complémentaires les unes des autres. Ainsi, il n'est pas rare de constater que les tribus digitales ne sont pas les tribus physiques, en raison des distances et des facilités à se rencontrer. Les individus se démultiplient et prennent de plus en plus conscience que ces espaces de conversation peuvent devenir des opportunités pour créer et développer de nouvelles formes de conversation ou de rencontrer de nouveaux interlocuteurs avec qui entrer en conversation.

La démultiplication des centres d'intérêts met en avant le pluralisme des individus. Les fenêtres digitales donnent ainsi un rôle à certaines attitudes de consommation. De plus en plus de conversations militantes et revendicatrices voient le jour. Cela se traduit entre autres par des prises de parole dans des forums de consommateurs où les avis sont librement exprimés.

Le mouvement Nuit debout, qui a pris naissance le 31 mars 2016 place de la République à Paris, est un exemple de ces nouvelles formes de conversation que revendiquent et créent directement les citoyens.

Espace de démocratie, d'écoute et de respect de toutes les paroles, Nuit debout a même mis en place sa propre façon de gérer les conversations ; ce sont des gestes qui viennent ponctuer, encourager ou stopper les conversations. Plus d'agressions verbales ou sonores, la parole de l'autre est respectée et écoutée. Nuit debout se veut l'incarnation de la voix du peuple, c'est-à-dire l'expression d'une conversation libre, respectueuse et incarnant la démocratie véritable.

Pour participer à distance aux conversations de Nuit debout, un autre réseau totalement libre et direct se développe avec Périscope (groupe Twitter) qui relate les échanges *via* des vidéos tournées en direct et où les spectateurs deviennent les acteurs à distance des conversations. Pour le sociologue Michaël Dandrieux, « Périscope incarne le retour de l'oralité dans la conversation numérique. »

C'est bien en constatant ce phénomène d'ultra-conversation du public que les marques cherchent à devenir conversationnelles et à susciter de la proximité et de la connivence avec leurs consommateurs.

En entrant dans ces jeux avec les marques, les consommateurs deviennent à leur tour des médias qui, en véhiculant un like ou un retweet, font rayonner la marque dans un univers plus large : leur univers privé.

Les conversations des marques sont à prendre avec précaution, car elles n'ont pas la spontanéité des conversations construites par les particuliers sur les espaces digitaux. Les marques développent des techniques de conversation qui sont internationales et où le public ne peut réellement s'exprimer ou prendre la parole.

Dans ce contexte, les marques élaborent des conversations formatées et sous contrôle ; l'exemple de Nutella, qui avait souhaité en février 2015 donner la parole à ses clients pour rédiger des messages personnalisés à inscrire sur ses étiquettes, en est la preuve. La marque dut stopper sa campagne, se trouvant brocardée sur beaucoup de conversations digitales de consommateurs qui en avaient assez de se faire manipuler.

Et quand une marque comme Coca-Cola donne la possibilité à ses consommateurs d'entrer en contact avec elle, elle cherche surtout à toucher leurs propres conversations et ainsi à devenir un de leurs sujets de conversation. Mais la marque perd toute crédibilité quand elle essaye de faire croire à la sincérité et à la véracité de ces conversations mondiales. Une bonne conversation, quel que soit son support, ne doit pas, pour être fructueuse, dépasser sept à neuf personnes. Alors, quand vous êtes perdu au milieu de millions d'autres « amis », difficile de penser qu'il y ait une réelle possibilité de converser. Donc, halte aux pseudo-conversations qui sont par ailleurs les mêmes d'un pays à un autre, faisant totalement fi des différences culturelles.

Cette boulimie de conversations factices se retrouve aussi désormais chez les politiques et les personnalités. Katy Perry a 93,7 millions d'abonnés sur Twitter en novembre 2016, Justin Bieber en compte 89 millions à la même date, et Barack Obama, l'homme politique le plus suivi au monde, 78 millions. Eux aussi cherchent à donner l'illusion qu'ils sont accessibles et capables d'accompagner leur public dans leurs conversations. Mais en agissant de la sorte, ils ont perdu leur côté iconique et différent, ils se sont banalisés et semblent courir après un illusoire audimat d'amis virtuels.

Et contrairement à ce que des entreprises comme le saucisson Justin Bridou (« Le vrai père des réseaux sociaux ») ou les pommes de terre McCain (« Le plus gourmand des réseaux sociaux ») tentent de revendiquer dans leurs publicités, celles-ci ne sont rien d'autre que des marques, favorisant certes les rencontres lors des repas, mais dont l'objet social est de réaliser des ventes plus que de susciter des sujets de conversation.

Que ce soient les marques, les politiques ou les personnalités, tous semblent avoir oublié que l'être humain est un animal certes bizarre, mais avant tout doué de raison et donc sachant de plus en plus rapidement discerner ce qui est vrai et sincère (les actions des jus Innocent, par exemple) de ce qui est factice (quand Nicolas Sarkozy joue la carte de la proximité amicale en déclarant sa candidature à la présidence de son parti à ses « amis » sur sa page Facebook)

Starbucks est probablement la marque qui, actuellement, sait le mieux développer les conversations avec ses publics en se positionnant comme le troisième lieu de vie des consommateurs. C'est d'abord et surtout dans ses établissements que les conversations existent ; les cafés sont conçus pour favoriser les conversations de par leur agencement, mobilier, disparités des espaces (canapés, tables classiques), mais aussi en instaurant la prise de commande avec le prénom du consommateur. Cette pratique crée immédiatement un climat de convivialité favorisant les conversations entre les consommateurs et provoquant des moments drôles à la vision des prénoms écrits sur les gobelets (de plus en plus de comptes sur Instagram recensent des photos avec des inscriptions improbables). La marque sait créer des sujets de conversation.

Le temps passé dans les Starbucks autour du rituel de la boisson (thé ou café) est également un facteur favorisant les conversations, comme le fait de donner un accès gratuit au Wi-Fi qui incite le consommateur à prolonger son moment sur place et à lancer des conversations *via* son portable ou son mobile depuis et grâce à Starbucks.

La marque a aussi su devenir un véritable sujet de conversation pour ses clients en dehors de ses cafés. Quand l'entreprise a souhaité changer son logo en 2011, elle a mené cette évolution en informant et associant ses clients à toutes les étapes, et cela grâce aux réseaux sociaux ; ainsi, la révélation du nouveau logo a été plébiscitée par les clients (certains étaient même massés devant le Starbucks de l'avenue de l'Opéra à Paris pour assister à la révélation de la nouvelle image). Dans le même temps, la marque de vêtements Gap a dû retirer son nouveau logo car celui-ci a été massivement rejeté par ses clients sur les réseaux sociaux, entraînant une forte baisse du cours de l'action à la bourse de New York. Il semble donc que l'on puisse parler de tout avec les clients, mais encore faut-il le faire sincèrement et ne pas tricher.

Cette posture de troisième lieu pour Starbucks se traduit aussi par la présence de la marque sur tous les réseaux sociaux qui permettent de l'engagement avec les consommateurs. Si la marque, au niveau de son compte global, compte près de 12 millions d'abonnés sur Twitter, elle a développé des comptes locaux qui favorisent des conversations locales (36 000 abonnés Twitter pour Starbucks France). La marque a aussi démultiplié les comptes Facebook par pays, du Brésil au Vietnam en passant par le Pérou ou la Roumanie. Chaque compte est un réel espace de conversation sur les façons de consommer un café ou de célébrer une fête locale.

Mais plus encore que les lieux de conversation que la marque développe, Starbucks est devenu un tel sujet de conversation pour ses consommateurs que ceux-ci viennent proposer des idées de services ou de produits que la marque pourrait commercialiser ou développer. Sur ce principe,

90

ce sont de jeunes étudiants suédois qui ont développé une application à télécharger sur mobile permettant de se réveiller le matin aux couleurs de Starbucks ; un café est offert si l'on se réveille dès la première sonnerie.

Et parce que les consommateurs jugent la marque apte à lancer des conversations plus globales, Starbucks a lancé en 2009 son Love Project, en invitant tous les gens qui le souhaitaient à chanter la chanson des Beatles *All You Need Is Love* seul ou à plusieurs devant une caméra dans un établissement de la marque, pour soutenir la lutte contre le sida en Afrique dans le cadre du projet RED. Une conversation mondiale a ainsi vu le jour le 7 décembre 2009 à la même heure dans le monde entier (14 h 30 en France). Ce sont plusieurs millions de personnes qui a un instant *t* ce sont retrouvées réunies dans une seule et même conversation.

Mais Starbucks n'est pas la seule entreprise qui donne à ses clients des espaces de conversation pour améliorer ses services et même cocréer des produits. Le loueur Arval (spécialiste de la location longue durée) a par exemple lancé en 2014 un espace digital ayant pour nom My Arval Community. Ce sont près de 600 clients qui y sont inscrits et qui conversent entre eux sur leur vision et leurs besoins en matière de location automobile.

350 clients sont quotidiennement actifs et partagent dans leurs conversations leurs préoccupations quant à la mobilité pour leurs entreprises.

Ces conversations entre les clients, qui se font sous l'œil des équipes marketing de la marque, sont très riches d'enseignements et d'idées qui peuvent être testées avant d'être ou non commercialisées.

Dans une interview donnée quelques mois avant sa disparition en 2016, Michel Rocard déclarait que « si notre société est en déclin, c'est parce que nous ne savons pas communiquer les uns avec les autres. »

Ce que l'on appelle le dialogue social entre les chefs d'entreprise et les syndicats est très souvent inexistant, ce dialogue se transformant très rapidement en ultimatum. Pourtant, la société Nexans (un fabricant de câbles) a mis en place un véritable dialogue social qui, comme toute vraie conversation, repose sur la confiance. Les syndicats et les responsables RH de l'entreprise ont bâti une approche commune d'évolution de l'entreprise qui repose sur le seul facteur humain, sur le fait de faire avec, de construire les uns avec les autres, les uns pour les autres, et pour ne plus se défier mutuellement. Cette action, menée dans plusieurs usines en Europe, a reçu le prix Espoir du management 2016.

Contrairement à ce que certains voudraient faire croire tant du côté du patronat que des syndicats, les conversations sociales sont une réalité et elles permettent d'obtenir de réels bénéfices pour les salariés des entreprises qui y ont recours. Ces conversations permettent d'apaiser des situations, car on rentre dans un échange d'égal à égal fondé sur la confiance et l'envie de construire une conversation commune.

Donc, si tout n'est pas sujet de conversation, les conversations sont désormais potentiellement partout.

Il est temps de cesser d'opposer conversations réelles et conversations digitales. Il existe bien des complémentarités de conversations qui, lorsqu'elles sont utilisées avec réflexion et mesure, sont des leviers de sociabilisation extraordinaires.

Chapitre 8

L'apparition des conversations universelles

*« La conversation, c'est écouter
avec les oreilles des autres. »*

Umar Timol

Ces dernières années ont vu naître de nouveaux espaces communs de conversation. Des espaces communs qui proposent de créer des conversations, mais de façon formatée, voire encadrée.

Sur les 3 milliards d'internautes à travers le monde, un peu plus de 2 milliards sont actifs sur les réseaux sociaux, soit 68 % des internautes et 28 % de la population mondiale ; le temps passé sur les réseaux sociaux par un individu est de deux heures par jour dans le monde et de une heure et demie en France[1].

---

1. Source : We Are Social, Singapour, août 2015.

Facebook, lancé en 2004, compte douze ans plus tard 1,6 milliard d'utilisateurs dans le monde ; plus de 30 % de la population française utilise Facebook et le site est disponible en 96 langues en 2014. Pour rendre son espace encore plus conversationnel, Facebook a mis en place Messenger, qui permet de créer ses conversations directement avec des membres choisis de sa communauté. C'est la première fois qu'un tel espace planétaire est à notre disposition pour créer et lancer nos conversations.

Twitter, créé en 2006, compte dix ans plus tard 320 millions d'utilisateurs actifs par mois, avec 500 millions de messages envoyés par jour, et est disponible en plus de 35 langues. Ce réseau social offre également un espace de conversation universel, mais plus contraignant car il limite à 140 le nombre de caractères à utiliser par échange. Comme si une conversation pouvait ainsi se limiter !

Un autre espace conversationnel qui pèse de plus en plus lourd est WhatsApp, créé en 2009. Cette application est exclusivement faite pour créer des conversations dans un univers clos (entre amis) et compte déjà plus de 600 millions d'utilisateurs à travers le monde.

Les chiffres 2015 de Médiamétrie sur l'usage des réseaux sociaux en France donnent le classement suivant :

- Facebook est utilisé par 62,9 % des internautes
- Google+ : 21,6 %
- Copains d'avant : 19,6 %
- Twitter : 18,3 %
- LinkedIn : 14,6 %

Chez les 15/24 ans, les réseaux les plus populaires sont Snapchat (rebaptisé Snap depuis 2016), Twitter et Google+. La moitié des 15/24 ans envoient des Snaps régulièrement. Ils se servent de Snap comme d'un espace de conversations instantanées qui se détruisent immédiatement. Il y a dans cette utilisation une volonté de converser avec peu de mots et d'utiliser des photos ou des vidéos qui se consomment tout de suite et qui disparaissent au bout de dix secondes. Ce sont plus de 350 millions de Snaps qui sont ainsi échangés chaque jour dans le monde. L'application permet aussi de créer une « story », c'est-à-dire une juxtaposition d'images qui deviennent de plus longs échanges entre les personnes connectées. Depuis 2014, un chat a été intégré, qui permet des conversations en direct par caméra interposée. Mais l'éphémère ayant quand même ses limites, Snap a ajouté en juillet 2016 la fonctionnalité « Memories » pour stocker ses photos et ses « stories ».

Ces nouveaux outils de conversation, en plus de l'instantanéité, apportent également une certaine forme d'universalité, et cela particulièrement avec l'apparition des émoticônes, les « bonshommes à émotions » comme disent les Québécois. Devant le manque de sentiments que les échanges écrits peuvent avoir, des signes qui en se juxtaposant composent un sourire ou un visage triste sont apparus. C'est le professeur d'université Scott Fahlman qui en est à l'origine, ayant proposé à ses collègues d'introduire ces éléments pour différencier les propos sérieux des plaisanteries lors d'un colloque organisé à l'université de Carnegie Mellon le 19 septembre 1982.

Avec ces premiers signes, les échanges digitaux prirent une tournure de conversation puisque derrière des mots, on commença à faire passer des émotions et des sentiments. Très rapidement, des marques telles que Microsoft ou Yahoo vont intégrer ces signes dans leurs logiciels et claviers, et ainsi favoriser leur développement en les rendant centraux dans les échanges digitaux.

Les émoticônes, icones à émotions, sont là pour donner du sens aux conversations digitalisées.

Avec elles, il est désormais possible de faire passer des sentiments, de montrer ce que l'on ressent ; avec leur apparition, le simple échange d'information peut devenir conversation. Il est désormais possible d'aller au-delà de la simple expression de besoins pour apporter à ses interlocuteurs une vraie vision de soi et de ses envies.

Aujourd'hui, ce sont des milliers de signes qui sont apparus et qui peuvent venir ponctuer les échanges. Ils sont statiques ou animés, ils peuvent avoir certaines différences d'une culture à une autre, mais ils permettent pour la première fois une universalité des conversations. En effet, les éléments les plus simples sont compréhensibles par le plus grand nombre et permettent de construire des conversations en abaissant les barrières de la langue.

Désormais apparaissent des émoticônes ethniques pour coller encore mieux au profil des utilisateurs. C'est au tour de la marque Ikea de lancer ses propres émoticônes *via* une application dédiée, Ikea Emoticons, qui a pour vocation de « simplifier le langage entre l'homme et la femme pour parler de rangement ou d'achat d'un meuble ».

Plus récemment, Médecins du monde a lancé une application payante, Refugee Emojis, pour venir en aide aux réfugiés. Celle-ci permet d'une part de construire une conversation en mettant en avant son soutien à cette cause, et d'autre part de lever des fonds pour l'association.

Le 26 octobre 2016, le MoMA de New York a fait l'acquisition des emojis (émoticônes japonais) créés par l'opérateur téléphonique NTT Docomo. Ces emojis ont été développés sous la supervision de Shigetaka Kurita (inventeur des emojis) à la fin des années 1990 et ils seront dès cette période copiés par les entreprises de la Silicon Valley. Les équipes du MoMA expliquent cette acquisition par le fait que les emojis traduisent une longue tradition du langage visuel. Le MoMA veut redonner aux émoticônes leurs lettres de noblesse : « Ce sont elles qui permettent de réintroduire de l'humanité dans la froideur des conversations électroniques. »

Ainsi, nos conversations s'animent et s'humanisent. À la question qui lui était posée sur ses emojis préférés, Shigetaka Kurita répondait « J'ai une tendresse particulière pour les emojis qui communiquent des émotions positives. »

Quand on voit que Skype, qui permet de développer à distance des conversations avec son et image, lance le Skype Translator, capable de traduire des conversations en temps réel, on est en droit de penser que la conversation universelle est en train de devenir réalité. Skype Translator est disponible depuis le 1er novembre 2015 en anglais, italien, espagnol, allemand, mandarin et français, et fonctionne très aisément. À terme, le service sera disponible en 40 langues.

Mais l'avenir de cette fenêtre de conversation semble s'obscurcir avec le déploiement de fonctionnalités telles que FaceTime sur les iPhone ou comme on le voyait plus haut les conversations vidéo rendues possibles par Snap ; en effet, nous aurons tendance à privilégier une unité de lieu pour mener à bien nos différentes conversations.

L'universalité de ces nouvelles formes de conversation se retrouve également par l'utilisation de signes qui jusqu'à présent étaient codifiés dans d'autres univers.

Ainsi, les bulles des bandes dessinées sont devenues le lien dans les échanges qui se construisent dans les SMS ou sur WhatsApp. Et comme pour une conversation réelle, des conversations sur ces supports peuvent voir le jour à plusieurs interlocuteurs. Donc non seulement la conversation s'universalise, mais elle peut aussi se démultiplier, dans le sens d'échanger sur un même sujet avec plusieurs interlocuteurs.

C'est ainsi que les forums sont de plus en plus présents comme lieux de conversation. Ils

101

permettent de se mêler à des conversations déjà lancées où il est possible de venir simplement donner son avis, de faire partager une expérience, ou bien de créer ses propres sujets de conversation en regroupant des personnes qui sur un même sujet viennent apporter leurs points de vues et opinions.

Pour identifier les sujets de conversation qui sont de plus en plus importants, un nouveau signe est donc apparu, une nouvelle ponctuation, les guillemets de nos conversations du XXIe siècle : le #, ou « hashtag »

Ce signe est un appel à converser, un signe de reconnaissance universel (encore un) qui est intégré aux conversations sur Twitter en 2009. Depuis, il accompagne les sujets que l'on souhaite rendre conversationnels et pour lesquels on recherche une communauté de contributeurs. Ce hashtag est autant utilisé par des sujets généraux que par des marques, des hommes politiques ou des personnalités. On mesure désormais leur popularité à l'efficacité de ce signe qui se diffuse sur les réseaux, et à sa vitesse de propagation.

Signe mondial, certes, mais très éphémère puisqu'il interpelle souvent sur des sujets de conversation limités dans le temps ; c'est ainsi qu'en juillet 2014 pour la finale de la Coupe du monde, le #Worldcupfinal a été utilisé

32,1 millions de fois en quelques heures ! Le #jesuisCharlie a été inclus dans 3,4 millions de tweets sur une période de 24 heures.

Le # est le signal d'une conversation que nous souhaitons lancer et il nous permet de regrouper sur nos réseaux sociaux des personnes qui sont intéressées par le même sujet que nous.

Désormais, ce signe apparaît en dehors des univers digitaux, sur les campagnes d'affichage, de presse ou dans les spots télé des marques qui veulent devenir sujets de conversation, mais on le voit aussi fleurir en 2016, en préfixe des noms des candidats aux élections présidentielles américaine ou française.

Chapitre 9

Les jeux vidéo, espaces
et espèces de conversation

« La bagarre est la conversation des brutes. »

Simon Berryer

Autre sujet souvent regardé avec défiance, mais aussi ignorance, celui des jeux vidéo et de l'addiction que ceux-ci semblent créer chez leurs utilisateurs, les isolant, les murant et les empêchant de se sociabiliser et donc de créer des conversations. Pourtant, ces jeux peuvent aussi devenir des nouveaux espaces de conversation.

Voici quelques idées reçues sur les jeux vidéo qu'il est bon de corriger[1] :
* Le jeu vidéo favorise l'isolement. Non : 53 % des utilisateurs jouent en réseau et ce chiffre ne cesse d'augmenter.

---

1. Source : Syndicat national du jeu vidéo, 2013.

- Le jeu vidéo est abrutissant, centré sur un monde virtuel et local. Non : le jeu vidéo dépasse les frontières du divertissement. Il permet non seulement de former ou de communiquer, mais également de proposer de nouvelles façons d'engager des réflexions collectives.
- Le jeu vidéo est fait pour les ados. Non : l'âge moyen des joueurs est de 35 ans, les moins de 18 ans ne représentant que 16,5 % des joueurs.
- Les jeux vidéo sont pratiqués majoritairement par des hommes. Non : les femmes représentent 52 % des joueurs.

Les jeux vidéo peuvent être source de repli sur soi lorsqu'ils sont pratiqués sans nuance et avec excès. Mais ils peuvent aussi être source de conversations lorsque par exemple on est un joueur de *World of Warcraft*. Lancé en 2004, ce jeu compte 10 millions d'abonnés en 2015, qui jouent en réseau par équipe de dix à trente personnes. En s'organisant ainsi en équipe, les joueurs se rencontrent, construisent des relations entre eux. Au-delà d'un sujet de conversation, *World of Warcraft* est désormais devenu un espace de conversation pour ces joueurs.

Ces jeux sont maintenant des éléments de notre culture contemporaine où les marques (par exemple dans les jeux mettant en scène des voitures) payent pour être présentes et toucher du public.

Les tribus d'amateurs de jeux vidéo éprouvent de plus en plus le besoin de vivre en dehors des espaces de conversation que proposent les jeux et de plus en plus souvent, ils cherchent à se retrouver pour prolonger leurs conversations digitales.

League of Legends, créé en 2009 et édité par une entreprise chinoise, est un véritable phénomène planétaire capable de faire jouer ensemble des pays que tout oppose. La prouesse conversationnelle de ce jeu est d'une part de donner la possibilité aux joueurs de s'affronter en réseau, mais surtout d'organiser de véritables parties physiques qui, dans les phases finales, font converger et converser des millions de personnes en simultané.

En 2011, ce jeu comptait plus de 30 millions d'inscrits, dont 4 millions d'actifs. Aux moments de grande affluence, plus de 500 000 personnes jouent simultanément, et dix parties sont créées chaque seconde. En mars 2013, *League of Legends* revendiquait en moyenne un milliard d'heures jouées par mois à travers le monde. Début 2014, le jeu comptait 67 millions de joueurs et jusqu'à 7,5 millions de joueurs en simultané.

La force de ce jeu ne réside pas uniquement dans sa capacité à être un jeu en réseau, c'est un

107

jeu qui réussit à fédérer physiquement ses adeptes lors de ses phases finales. En 2013, après diverses qualifications, la saison 3 a regroupé 8 équipes européennes et 8 équipes nord-américaines dans deux championnats. L'équipe vainqueur a remporté la somme d'un million de dollars et il fut annoncé un total de huit millions de dollars de prix pour l'ensemble de la saison. Le tournoi s'est déroulé au Staples Center de Los Angeles devant 13 000 spectateurs, et plus de 32 millions de personnes ont suivi la finale à travers le monde. Les participants à ces phases finales sont considérés comme des sportifs et perçoivent un salaire de la part de l'éditeur du jeu. En mai 2014, des phases éliminatoires ont eu lieu au Zénith de Paris. Elles ont réuni plus de 6 000 spectateurs ainsi que plusieurs millions sur Internet.

Ce jeu, au fur et à mesure de ses évolutions, a élaboré son vocabulaire propre mais surtout a réussi à sortir de son seul territoire d'expression digital pour devenir une conversation planétaire pas encore égalée à ce jour.

Yann Leroux, psychanalyste et spécialiste des jeux vidéo fait le constat suivant : « Quelqu'un de logué jusqu'à trois heures du matin sur un jeu massivement multi-joueurs peut utiliser le jeu pour éviter d'avoir des relations sexuelles avec son conjoint ou penser à ses devoirs du lendemain, ou encore avoir des relations sociales riches avec d'autres joueurs. D'un côté, l'objet sert un enfermement, un refus permettant de délaisser son environnement proche, de l'autre, il créé une ouverture. »

La sociologue Jenny Davis, de l'université de Virginie, a mis en avant que les joueurs qui pratiquent des jeux vidéo reposant sur l'entraide développent davantage ce comportement altruiste dans leur vie de tous les jours.

On observe également dans la pratique des jeux vidéo entre parents et enfants (54 % des parents jouent en effet avec leurs enfants[1]) que cela permet de déclencher des conversations sur un terrain partagé, où le prétexte du jeu permet d'échanger, de construire ensemble un projet, une action, de partager un moment. Là encore, l'apprentissage inversé prend tout son sens et ce sont les plus jeunes qui guident leurs aînés.

L'été 2016 a vu apparaître un phénomène mondial jusqu'à présent jamais atteint en terme de performance et de participants : Pokémon Go. Ce jeu, issu de la tradition des cartes Pokémon

---

1. Source : Syndicat national du jeu vidéo, 2011.

échangées dans les cours de récréation dans les années 2000 a suscité en quelques semaines un engouement convertissant 35 millions de personnes et faisant de Pokémon Go le premier réseau social en temps passé par ses utilisateurs, dépassant Facebook. En un mois, l'application a été disponible dans plus de cent pays.

Pokémon Go est un jeu de réalité augmentée à télécharger sur son mobile. Le joueur doit attraper des Pokémons ou d'autres éléments qu'il croise lors de ses déplacements dans une ville. Ce principe de réalité augmentée permet de placer les pièces à attraper dans les lieux où l'on se trouve réellement ; il allie donc images dessinées et images réelles.

En quelques mois, plus de 100 millions de joueurs ont téléchargé l'application du jeu et la « pokémania » a fait le tour du monde et des publics ; des politiques (la Première ministre norvégienne Erma Solberg a été photographiée en train de jouer au Parlement) aux cadres en passant par les étudiants, Pokémon Go a su séduire tout le monde.

Cette frénésie a obligé les autoroutes françaises à diffuser pendant les vacances d'été un message de sécurité, « Celui qui joue n'est pas celui qui conduit », afin d'éviter les accidents. Il a également été demandé à la société Niantic

Labs d'éviter de placer des Pokémons dans des lieux sensibles comme le cimetière d'Auschwitz ou le Bataclan à Paris. Dans le même temps, des voyagistes ont proposé à leurs clients des visites de villes sur le thème de chasse aux Pokémons.

Niantic Labs, la société qui a développé le jeu, met en avant que l'une des missions de Pokémon Go est de faire faire du sport aux joueurs en les incitant à marcher pour capturer leurs objectifs. Ainsi, en septembre 2016, les joueurs avaient marché un total de 2,8 milliards de kilomètres, ce qui équivaut à 340 milliards de calories brûlées.

Au-delà de ces chiffres records, Pokémon Go est devenu un véritable sujet de conversation entre les joueurs, mais aussi entre les joueurs et les non-joueurs. À San Francisco, un rassemblement de dresseurs de Pokémons a réuni 9 000 personnes. Certaines marques ont aussi su profiter de ce phénomène. Ainsi, le Maxwells Bar de Covent Garden à Londres a vu ses recettes quotidiennes bondir de 25 % car le restaurant était un « pokéstop » populaire. Au Japon, McDonald's a payé la société Niantics pour que des Pokémons soient présents dans ses établissements. En France, Monoprix a également surfé sur la mode en offrant des kits de dresseur. Les marques, en s'intégrant ainsi dans le jeu, profitent de la notoriété et des conversations qui naissent sur le thème de Pokémon Go.

Contrairement à un jeu isolant, Pokémon Go est vécu et perçu comme une manière de s'ouvrir aux autres et d'aller à leur découverte. Dans une enquête réalisée par l'Ifop fin juillet 2016 en France, il ressort que les joueurs sont majoritairement jeunes (30 % de moins de 35 ans) et à 59 % féminins. Aux questions posées sur les raisons de jouer, les réponses illustrent la capacité que le jeu possède à faire sortir et inciter à aller vers les autres :

* 68 % pensent que Pokémon Go favorise les sorties, la découverte et les rencontres avec d'autres joueurs.
* 92 % estiment que Pokémon Go est un facteur d'ouverture et de découverte.

Si les chiffres d'usage ont baissé depuis la rentrée 2016, Pokémon Go reste un jeu capable de maintenir un volume important de joueurs et de susciter de nombreuses conversations à travers le monde.

Il ne faut voir dans les jeux vidéo (qui sont majoritairement pratiqués par des trentenaires) que des moyens de se distraire, de faire vagabonder son imagination, de se défouler ou de se cultiver. En effet, jouer à des jeux qui se déroulent par exemple durant la Seconde Guerre mondiale entraîne obligatoirement le joueur à s'intéresser à ce conflit. Mais là encore, c'est l'usage intensif et non maîtrisé de ces espaces qui pose un problème ; sinon, il faut plutôt y voir un moyen d'aller vers les autres, une façon de s'enrichir, mais aussi de se familiariser avec l'informatique qui fait intégralement partie de nos vies.

Cessons d'opposer et de condamner, cherchons à comprendre et à intégrer cet espace ludique comme étant lui aussi un espace d'échanges et de conversations possibles.

Si, dans les années 1970, le principal sujet de conversation des garçons dans les cours de récréation était les images Panini montrant les stars du football de l'époque, il faut accepter que ce sont désormais les héros des jeux vidéo qui supplantent les professionnels du ballon rond. Ce sujet-là n'est pas plus mauvais qu'un autre quand il est pratiqué avec mesure et distance ; il y a quarante ans, certains pouvaient voler pour obtenir l'image de Jean-Michel Larqué.

C'est donc bien de l'exagération en tout que naissent les abus et les dérives.

113

Chapitre 10

Il est temps de retisser les fils de nos conversations

« L'art de la conversation fait appel à deux belles qualités : il faut savoir entrer en contact avec autrui et comprendre son point de vue, à la fois communiquer et écouter. Un tel équilibre est rare, mais lorsqu'il est atteint, le charme opère. »

Benjamin Disraeli

Ils sont nombreux et infinis, les fils qui aujourd'hui permettent de construire et d'élaborer des conversations. Mais ils sont pour la plupart extrêmement récents et leur apprentissage reste à faire.

Et surtout, tout va très vite. Si l'on prend l'exemple de Twitter, il faut avoir en tête que 500 millions de tweets sont envoyés chaque jour et que 320 nouveaux comptes sont créés chaque minute.

De nouveaux espaces de conversation arrivent régulièrement. Ello, par exemple, qui est né en 2014 et qui promettait une expérience de réseau social sans publicité. Mais cette promesse n'aura pas été suffisante pour recruter de nombreux utilisateurs. Des réseaux comme Pinterest, Tumblr ou Instagram connaissent, eux, des croissances vertigineuses (50 % de croissance en moyenne sur un an).

La multiplication des réseaux sociaux amène à leur spécialisation. Nos conversations sont donc différentes en fonction des canaux que nous choisissons. Sur LinkedIn, nous aurons des conversations professionnelles, sur Instagram nous partagerons des photos des moments que nous vivons et nos conversations seront très souvent gourmandes (les photos de plats y sont très nombreuses) quand sur Facebook nous aurons des conversations plus généralistes.

Aujourd'hui en France, les utilisateurs sont en moyenne inscrits à plus de cinq réseaux sociaux et sont actifs sur trois d'entre eux ; une minute sur quatre passées sur Internet est consacrée aux réseaux sociaux.

L'arrivée en 2016 de Live Vidéo sur Facebook a donné un très fort essor aux conversations en images et donc aux échanges directs. En France, tous les candidats déclarés à la présidentielle se servent de ce moyen pour converser en direct avec leurs supporters et répondre à leurs questions, mais aussi pour partager leurs déplacements.

Au-delà de leur apprentissage, il est primordial d'analyser ces réseaux sociaux et de les utiliser avec les mêmes règles que pour les conversations traditionnelles. Il faut penser à suivre ces fils de conversation et à commencer à les réunir et à les tisser entre eux, car ils portent la richesse des échanges de demain. Ils ne doivent plus s'opposer, mais au contraire se réunir pour constituer un formidable canevas aux conversations du futur. Il faut faire confiance aux « digital natives » pour qu'ils montrent comment utiliser ces espaces de conversation. Il est aussi important d'échanger avec eux pour leur montrer ce que les conversations classiques ont de positif et d'enrichissant. Alors, ces nouvelles conversations se construiront de façon intergénérationnelle.

Cette maturité des plus jeunes quant à l'usage de ces espaces est un signe de confiance que nous pouvons avoir, et nous devons construire ensemble de façon intergénérationnelle ces nouveaux espaces de conversation et élaborer conjointement leurs règles d'usages. Ces espaces de conversation sont des opportunités de s'ouvrir aux autres, de s'enrichir des autres, de leurs savoir-faire, de leurs connaissances de leur maîtrise des outils.

117

Il faut retisser les conversations pour les rendre utiles et nourrissantes.

Ces outils de communication et de conversation permettent l'accélération d'une nouvelle forme d'économie de partage ; une économie où le rôle et l'avis de l'autre est de plus en plus essentiel.

C'est une économie où les avis des utilisateurs ne sont plus uniquement contenus dans des guides que l'on peut acheter en librairie ; c'est une économie où les commentaires, les avis, les conversations des utilisateurs sont pris en compte pour donner de la valeur à un service ou à une marque.

La parole est de plus en plus donnée aux consommateurs. On a ainsi vu dans un premier temps les stratégies de marketing participatif se développer, où les consommateurs sont invités à voter pour choisir le goût de la prochaine Danette ou le scénario de la prochaine publicité Nespresso.

Ensuite est arrivé le marketing d'opinion, où le consommateur est invité à se livrer, à dire ce qu'il aime ou pas. Sont ainsi nés le panel de testeurs de Carrefour, ou My Starbucks Idea qui invite les clients à déposer leurs suggestions pour la marque. Ce sont plus de 75 000 idées qui ont déjà été proposées.

Et puis la cocréation s'est généralisée, où le client décide et coconçoit le produit. C'est un nombre limité de clients qui est associé à la démarche, mais en revanche la participation de ceux-ci est largement médiatisée. L'idée qu'un produit puisse avoir été conçu par ses pairs engendre une forte adhésion des consommateurs. Dans cette catégorie, on trouve des marques comme Nivea, Electrolux ou Flam's. Mais les marques qui rémunèrent les clients qui créent des modèles ou des services sont rares ; on peut citer Lego et à nouveau Starbucks.

En adoptant de telles postures, les marques deviennent des sujets de conversation à part entière et augmentent l'implication des consommateurs qui eux-mêmes conversent sur ces marques.

L'économie participative est le fruit de ces nouveaux outils de conversation et de ce nouveau mode de fonctionnement que nous avons à notre disposition.

C'est ainsi que le groupe Airbnb, créé en 2008, a une valorisation boursière de 24 milliards de dollars alors que celle du groupe Marriott créé en 1993 n'est que de 21 milliards. Airbnb est une

119

plate-forme participative de location et de réservation de logements de particuliers, fondée en 2008 par les Américains Brian Cheskyet et Joe Gebbia. Le site propose en 2015 plus de 1,5 million d'annonces dans 34 000 villes et 190 pays. Depuis sa création, plus de 10 millions de nuits ont été réservées *via* cette plate-forme.

C'est aussi grâce à ces outils et à ces nouveaux modes de fonctionnement qu'est née en 2006 la société de covoiturage Comuto, qui deviendra en 2013 BlaBlaCar, une société qui propose de se déplacer d'un endroit à un autre et de converser (blabla…) ; en 2015 BlaBlaCar est devenu le leader mondial du covoiturage avec 20 millions d'utilisateurs, et l'on retrouve la marque sur tout le continent européen, mais aussi en Amérique du Sud ou en Inde.

Cette économie participative repose sur le principe de la confiance entre les usagers, et donc sur l'idée d'aller vers les autres. Désormais, cette nouvelle économie, qui est aussi un nouveau mode de vivre ensemble, est présente dans des secteurs qui ne sont plus uniquement ceux du service, du transport, ou des loisirs. Plus que le marketing ou la publicité, c'est ce que les Anglo-Saxons appellent la « CX » qui construit les marques. Cette *Customer eXperience* représente l'intégration du consommateur au cœur des marques et la parole de celui-ci a plus de poids dans le cadre d'un achat (recommandation et prescription) que celle d'une publicité.

Les conversations nous nourrissent et nous rendent en l'espèce plus adulte et responsable. C'est ainsi que l'on voit aussi grandir le rôle du *crowdfunding* (littéralement, « financement par la foule ») dans notre économie et que nous, citoyens, pouvons nous impliquer dans le développement économique ou culturel de projets conçus par des personnes proches ou inconnues.

L'organisme américain Xerfi évalue à 1,6 milliard de dollars le poids du financement participatif aux États-Unis et à environ 945 millions d'euros en Europe. En France, les montants levés par le *crowdfunding* en 2014 atteignaient 152 millions d'euros, soit près de deux fois plus qu'en 2013.

On voit ainsi des sites comme Kickstarter, Kisskissbankbank ou Ulule créer de véritables sujets de conversation en touchant des populations de plusieurs millions de personnes.

Autre exemple avec Giffgaff, opérateur téléphonique créé en 2009 en Grande-Bretagne, qui ne fonctionne qu'en réseau et grâce à ses clients. Ce sont les clients qui assurent la commercialisation (en étant récompensés pour cela) et aussi le service après-vente (là encore, ils sont récompensés pour leurs réponses et les solutions qu'ils apportent). Giffgaff est devenu un sujet de conversation, mais aussi le lieu de conversations de centaines de milliers d'Anglais. Avec plus de 55 000 abonnés sur Twitter et 235 000 fans sur Facebook, c'est une communauté entière qui s'est créée et qui converse en permanence. Selon le *Telegraph*, la marque aurait dépassé le million d'utilisateurs en 2013 en étant simplement présente dans les conversations quotidiennes des Anglais. Cet exemple de Giffgaff montre combien la confiance entre consommateurs est importante et à quel point un sujet commun peut devenir un bien commun, et donc donner lieu à des conversations communes.

Le système économique, qu'on le veuille ou non, évolue et repose sur des valeurs plus humaines, plus altruistes plus généreuses. On voit apparaître les solutions en « co » telles que : coconstruction, coworking, colaboratif, cobranding...

C'est-à-dire « faire avec », comme l'origine de notre conversation.

iDTGV, créé en 2014, s'est développé en reposant sur le principe du partage et de la réunion de personnes ayant des centres d'intérêts communs, pouvant ainsi se rencontrer dans le cadre d'un trajet. En choisissant son billet de train, on peut aussi choisir la thématique de son wagon et donc être assis à côté de quelqu'un ayant des sujets de conversation communs.

Pour éviter le silence dans les files d'attente de certains lieux publics, la ville de Grenoble expérimente depuis octobre 2015 des distributeurs gratuits d'histoires courtes. Ces distributeurs, imaginés par la société Short Édition, permettent aux usagers de choisir entre BD, histoires ou poésies. Et plutôt que de râler parce qu'ils font la queue, les Grenoblois parlent avec leurs voisins en échangeant leurs impressions de lecture.

Depuis le mois d'octobre 2016, la gare Montparnasse à Paris a à son tour mis en place ces distributeurs. En France, depuis plusieurs années, les gares font tout pour devenir des espaces de conversation. L'arrivée des pianos laissés en libre accès pour les voyageurs voit régulièrement le public entamer une conversation au sujet du morceau joué ou de la qualité du pianiste. Une association distribue une tasse de café le lundi matin sur certaines lignes du métro parisien, juste pour initier des conversations entre les voyageurs. Ainsi naît le bonheur simple de conversations courtes et rapides.

Désormais, les personnes se réunissent sur des sujets de conversation car ceux-ci portent des valeurs qui leurs sont chères. Au-delà de se retrouver sur des sujets communs, elles sont de plus en plus nombreuses à revendiquer ces engagements dans leurs sujets de conversation (Facebook, Twitter…) ; ce sont ces sujets communs qui font se rencontrer sur des espaces de conversation de nouveaux interlocuteurs et contributeurs.

C'est bien une conversation de construction que l'on voit apparaître. Une conversation où le partage de connaissances prend tout son sens, car il aboutit à l'enrichissement des conversations.

Cette conversation contemporaine est aussi capable de faire bouger. C'est ainsi que sont nés des sites de pétitions en ligne, qui permettent à des individus de se retrouver sur des valeurs et des combats communs et de donner de la puissance à leurs conversations. Désormais, on ne prêche plus dans le désert, on peut construire des conversations qui peuvent rapidement prendre une forte ampleur.

Se multiplient aujourd'hui ces sites qui permettent aux citoyens de se mobiliser pour une cause ou une action. Le leader mondial des pétitions en ligne, le site américain *change.org*, comptait en juillet 2015 100 millions d'utilisateurs dans le monde, et en France ce sont en moyenne 800 nouvelles pétitions qui apparaissent chaque mois sur des sites comme *wesigne.it* ou *mesopinions.com*...

Les sujets qui y sont traités sont très divers, mais ils sont la preuve de la capacité de citoyens à se mobiliser, par exemple pour la lutte contre le gâchis alimentaire, avec cette pétition lancée en France par Arash Derambarsh et qui après deux semaines enregistrait déjà 540 000 signatures et influait directement sur le vote des députés. Autre exemple, cette pétition lancée contre les notes de frais de la directrice de l'INA en 2015, qui conduisit à la démission de celle-ci.

C'est bien une nouvelle forme de démocratie 2.0 qui voit le jour, où des sujets de mobilisation deviennent des sujets de conversation et où l'on assiste à une certaine forme « d'ubérisation » des partis politiques, qui avec moins de 2 % d'adhérents dans la population française ne sont plus les lieux d'émergence des idées et des actions. Le film *Demain*, de Cyril Dion et Mélanie Laurent, met en avant des initiatives de démocraties citoyennes en France, dans le nord de l'Europe, aux États-Unis et en Inde, où la parole et les conversations des citoyens sont en capacité de faire bouger les politiques traditionnels.

Un autre exemple du rôle politique (dans le sens « vie de la cité ») que peuvent prendre les conversations citoyennes, est la naissance en 2012 en Islande du Parti Pirate, qui combat les déviances des partis politiques historiques et qui souhaite que le citoyen soit replacé au cœur des décisions. Le succès populaire est très rapide et dès 2015, le Parti Pirate est le plus populaire du pays. Aux élections législatives d'octobre 2016, il remporte 9 sièges de députés, triplant son score des précédentes élections législatives et devenant le troisième parti du pays.

Sur un autre modèle de conversations citoyennes, la ville de Saillans (dans la Drôme) a vu une liste de citoyens battre les listes des partis politiques traditionnels lors des élections municipales de 2014. Son programme reposait sur une promesse simple : donner la parole aux habitants et traiter les sujets de conversation des citoyens. Ainsi, si cinq habitants de Saillans se regroupent autour d'une idée ou d'un besoin, le projet est porté par l'équipe municipale. Plus que de la démocratie participative, il s'agit bien d'une gouvernance citoyenne. Les mots des habitants ont autant de poids que ceux des élus et cela dans la durée, pas uniquement au moment des promesses électorales. La conversation, le faire avec, est le moteur de la gestion de la commune qui a ainsi traité plus de 300 initiatives depuis les élections.

Dans le même esprit de conversations redonnées aux citoyens, on trouve le mouvement Maison des citoyens, lancé par Alexandre Jardin en septembre 2016. En quelques semaines, et grâce aux conversations sur Facebook, près de 200 Maisons des citoyens se sont ouvertes dans toute la France. Elles réunissent des personnes qui veulent que leurs conversations, leur voix, comptent à nouveau.

Là où la parole publique pouvait faire peur et bloquer certains citoyens, le digital a libéré la parole et donné des audaces aux contestataires. La conversation devient ainsi liberté, et c'est la peur de cet effet mobilisateur qui fait interdire les réseaux sociaux dans les états dictatoriaux. Ainsi, le gouvernement chinois empêche ses 618 millions d'internautes d'accéder aux réseaux sociaux internationaux comme Facebook, Twitter ou Youtube, mais n'hésite pas à y avoir recours dès lors qu'il s'agit de faire sa propre promotion à l'étranger.

Les réseaux sociaux, et particulièrement Facebook, ont été au centre des révolutions dans le monde arabe. C'est la révolution tunisienne de 2011 qui a donné l'exemple. Véritable force mobilisatrice, les réseaux sociaux ont permis la communication avec l'étranger mais aussi entre les manifestants, notamment avec les vidéos. Ils ont même fait office de GPS pour les manifestants qui voulaient éviter les barrages de police et continuer à être directement informés. La page Facebook de Monoprix a servi pendant toute la révolution de lieu de conversation pour les Tunisiens qui se renseignaient sur les moyens de s'approvisionner. Le rôle d'Internet a été crucial dans la chute du régime de l'ancien président Ben Ali en janvier 2011. Après l'enterrement de Mohamed Bouazizi, dont l'immolation à Sidi Bouzid a donné le coup d'envoi du Printemps arabe, Internet a été déterminant.

En Égypte, Facebook, avec ses 5 millions d'utilisateurs, a encore eu une influence considérable, à l'inverse de Twitter (200 000 abonnés). Non pas dans la gestion de la révolte proprement dite, mais comme instrument de mobilisation. La page Facebook « Nous sommes tous Khaled Saïd », du nom d'un jeune interpellé dans un cybercafé et battu à mort le 6 juin 2010 à Alexandrie, a été l'un des éléments qui a ouvert les consciences et les discussions. Autre impact de la toile, la possibilité de faire sortir les vidéos, de communiquer avec l'étranger. Cette révolution est devenue internationale et a abouti à la démission d'Hosni Moubarak le 11 février 2011.

Il est néanmoins paradoxal que, dans ce monde ultra ouvert fait pour la coparticipation, on voie dans le même temps de plus en plus de murs se dresser et de replis sur soi émerger.

Au-delà des replis identitaires et géographiques, on voit naître des replis idéologiques et religieux, des replis qui font monter la peur des autres et la peur des nouveautés.

Depuis quelques années, on constate que ces nouveaux espaces de conversation sont largement utilisés par les adeptes de la censure et de l'obscurantisme. Ainsi, Daech utilise ces outils pour sa propagande, mais aussi pour recruter de nouveaux membres en se servant particulièrement de Facebook comme lieu de conversation et de Twitter comme lieu de propagande. Le mouvement dispose même d'un ministère de la Communication, Wizarat al Aala, qui a utilisé des hashtags tels que #WorldCup2014 ou #Iphone6 pour diffuser des messages de propagande sur les actions de Daech en Syrie.

Facebook est aussi utilisé pour mettre en avant des vidéos extrêmement léchées et valorisantes ; les images ont alors un impact comparable à celles de Leni Riefenstahl lors des Jeux olympiques organisés par Hitler à Berlin en 1936, mais avec une puissance de diffusion incomparable.

Et comment ne pas être inquiet par l'expérience de courte durée de Microsoft, qui a lancé en mars 2016 son « agent conversationnel » appelé Tay ? *Via* l'intelligence artificielle, Tay a été lancé sur Twitter et les autres réseaux sociaux pour converser avec les internautes. Il s'agissait d'une sorte d'ami virtuel que Microsoft a voulu tester. Mais après quelques heures et des dérives constatées dans les propos de ce « chatbot », tels que « Hitler did nothing wrong » (Hitler n'a rien fait de mal), l'expérience a été abandonnée.

Comme évoqué plus haut avec l'usage de Siri, ces expériences sont dangereuses car elles sont anti-conversationnelles. Elles sont des tentatives de formater nos conversations et de les banaliser. À l'heure où nous pouvons les enrichir et les mondialiser, il nous faut refuser les tentatives de standardisation des conversations.

De façon plus positive, certaines marques réussissent à devenir de véritables sujets de conversation chez leurs consommateurs et ont de moins en moins recours à la publicité pour faire connaître leurs produits ou services. On pense immédiatement à Apple, qui réussit à faire connaître ses produits quasi exclusivement *via* les réseaux sociaux sans faire appel à la publicité, ou encore à une marque comme Tesla, dont les communautés sur les réseaux sociaux sont bien plus importantes que les acheteurs de ses véhicules et dont la voiture et son *way of life* sont devenus de véritables sujets de conversations.

Tous ces lieux, ces forums, sont déjà des lieux de conversation, mais ils ne sont pour autant pas toujours reconnus ou présentés comme tels, par crainte d'être encore jugés superficiels par certains tenants de ce que sont les « véritables » conversations. Notre monde va de plus en plus vite, les sujets de conversation se multiplient et ont tendance à se chevaucher, ce qui entraîne par moments une forte cacophonie.

Mais ne croyons pas au repli de notre monde, même si nous assistons à une multiplication des replis. Ne croyons pas à la fin des conversations, même si parfois nous sommes inaudibles dans nos prises de parole. Ne croyons pas que les apôtres de la parole unique vont triompher, car nous avons en main tous les outils empêchant notre bâillonnement à condition que nous sachions nous en servir et que nous osions mélanger tous les genres de conversation qui désormais s'offrent à nous.

Non, nous n'allons pas vers la fin des conversations, mais bien vers une révolution des conversations. Une révolution sans précédent, car nous possédons les moyens et les cultures pour utiliser

131

tous ces outils de conversation. Une révolution, car désormais nos conversations sont mondiales et universelles. Une révolution, car nos conversations embrassent tous les sujets sans plus de tabous ou de retenues. Une révolution, car nos conversations sont désormais capables de concerner et de toucher tout le monde.

Il est frappant et enthousiasmant de constater, au moment où toutes ces fenêtres de conversation se déploient en s'appuyant sur toujours plus de technologie, que des initiatives très anciennes reviennent au goût du jour et s'imposent comme des évidences tout en créant de très nombreuses conversations.

Ainsi, les jardins partagés des Incroyables Comestibles, qui ont vu le jour en Grande-Bretagne en 2008 et qui assurent l'autosuffisance alimentaire pour une commune, ont déjà conquis 465 communes dans le monde (dont 80 en France). Ce principe qui consiste à occuper chaque espace vert pour y planter fruits et légumes et partager les récoltes donne lieu à de nombreuses conversations entre des personnes que rien ne prédisposait à se parler. Les communes qui ont fait ce choix constatent une baisse des actes d'incivilité sur le domaine public, une diminution des tensions sociales et une augmentation des moments d'échange entre les habitants. Certaines personnes choisissent maintenant leur lieu de résidence en fonction de l'accueil ou non par la commune des Incroyables Comestibles.

Avec tous ces nouveaux espaces, avec ces outils qui se renouvellent sans cesse, avec cette capacité à adopter et adapter tous ces moyens aux envies de conversation, avec tous ces sujets qui peuvent être traités ou transmis et dans lesquels il est possible de s'investir, on peut affirmer que le XXIᵉ siècle sera celui du renouveau des conversations ; celui des audaces retrouvées et des écoutes renouvelées, celui des envies, et celui où converser voudra aussi bien dire s'exprimer que faire avec.

Pour preuve, les initiatives qui, à côté des grands changements de paradigme de nos conversations, se multiplient partout et incitent à se poser et à prendre la mesure de ce qu'apportent les conversations dans leurs formes les plus simples et historiques.

Comment ne pas saluer les actions de petites communes (par exemple en Bretagne avec le réseau Café de Pays, *Tavarn ar Tro*) qui décident d'embaucher en tant qu'employé communal le patron du café pour garder un espace de conversation vivant. C'est d'ailleurs une des forces des

133

villages anglais, où le pub est partout présent et où les personnes se retrouvent pour se parler et sortir de leur isolement. Les cafés doivent rester ces espaces de conversations simples dont nous avons tant besoin, de conversations juste pour le plaisir.

Quand la Grande-Bretagne compte encore 50 000 pubs, la France n'avait plus que 35 400 bars et bistrots en 2013. Certes, les pubs anglais connaissent une forte crise (10 000 ont fermé ces huit dernières années), mais ils restent toujours le point de rencontres, d'échanges et de conversations entre les habitants d'un même quartier, d'un même village. Pour l'historien des pubs Pete Brown, « Les pubs incarnent ce modèle si particulier du vivre ensemble à l'anglaise. » Ce brassage et cette mixité sont tellement forts et présents dans la vie quotidienne des Anglais que 27 % des mariages contractés depuis 1945 sont issus de rencontres dans les pubs. Le pub est bien le lieu de rassemblement et de conversation par excellence, comme le sont nos cafés français. Il est donc essentiel de préserver ces lieux et de garder une bienveillance pour les conversations de comptoir qui, pour vaines qu'elles puissent être parfois, sont simplement des liens sociaux essentiels à nos quotidiens, et vitaux quand on veut apprendre, découvrir et accepter l'autre.

Autre initiative qui montre comment les conversations interculturelles peuvent se développer et se construire : Kofi Yamgnane, maire de 1989 à 2001 du village de Saint-Coulitz dans le Finistère, a souhaité constituer un Conseil des anciens sur le modèle de ce qu'il avait connu au Togo, et ainsi replacer la palabre au cœur des décisions et des échanges avec ses administrés. Son modèle a fait des émules et d'autres communes ont mis ce principe en place.

En revanche, il faut savoir garder pour tous ces espaces nouveaux les valeurs des conversations, c'est-à-dire prendre le temps de converser et d'écouter les autres ; savoir se mettre dans l'état d'esprit de la conversation, donc être prêt à accepter de s'enrichir du point de vue de l'autre ; ne se concentrer que sur une conversation à la fois et considérer que tous les sujets peuvent donner lieu à des conversations.

Une étude de juillet 2014 menée par l'université de Chicago et publiée dans le *Journal of Experimental Psychology* a montré que parler à un inconnu dans les transports en commun avait un effet bénéfique sur nos comportements. Ainsi, ceux qui se livrent à cet exercice déclarent majoritairement se sentir mieux après l'avoir fait. Et pourtant au départ, les populations testées déclaraient majoritairement considérer cette démarche comme négative. Oui, les conversations font du bien à ceux qui les osent !

Donc, définitivement, pour notre bien et pour construire une nouvelle société : osons les conversations.

La diversité de ces conversations est notre capital culturel de demain, ne le gâchons pas, sachons ensemble le construire, c'est notre devoir.

Conclusion

Mais finalement, à quoi servent les conversations ?

Peut-on encore se poser la question quand nous voyons à quel point nous nous évertuons actuellement à imaginer et créer de nouvelles formes et de nouveaux espaces de conversation.

S'il faut résumer les rôles des conversations, il est important de mettre en avant en priorité leur rôle social. En effet, avant même d'être un moyen de communication, la conversation est un formidable passeur social.

Les conversations nous apprennent à découvrir l'autre, à faire tomber les barrières qui nous isolent et derrière lesquelles nous nous cachons bien trop souvent. Les actions mises en place par certaines associations pour aider à l'accueil des réfugiés depuis plusieurs années nous aident à constater que c'est grâce à la conversation qu'à chaque fois les préjugés sont tombés et que des rencontres extraordinaires sont nées.

Les conversations nous apportent de la légèreté et de la spontanéité. En effet, contrairement à un débat ou à un exposé, la conversation ne se prépare pas, elle nous emporte et nous guide là où les autres conversateurs décident également d'aller. La conversation est souvent légère, mais peut aussi devenir grave quand il le faut. La conversation doit nous permettre de parler de tout ou presque, comme le disent les Anglais.

C'est en raison de cette spontanéité des conversations que le sujet préféré de conversation dans le monde est la météo. En commençant une conversation sur ce thème, on se rassure, on s'ancre dans un espace, on partage un premier bien commun avec son interlocuteur et à partir de là, on peut embarquer la conversation vers d'autres sujets.

Les conversations nous apprennent à faire avec les autres. En effet, pour éviter les monologues et les moments où l'on s'écoute parler, il faut nous ouvrir et nous mettre en situation de construire cet échange avec les autres.

Une conversation se fait à plusieurs, en associant tous les autres au même niveau, en leur donnant la même importance, le même rôle et le même poids. Pour participer à une conversation, il faut apprendre l'écoute et la générosité.

Les conversations nous apprennent le temps. Une conversation ne peut se faire à la va-vite entre deux portes. Il faut être disponible pour les personnes avec qui l'on va converser et il faut ne se consacrer qu'à cela le temps de la conversation. Dans une conversation, le temps que l'on donne aux autres est aussi signe de générosité. Les conversations sont génératrices d'envie et de gourmandise. Il faut avoir le goût des conversations, non pas pour y participer, mais pour les lancer. Il faut avoir envie de participer à une conversation, envie de se laisser porter, envie de se laisser guider, envie de s'enrichir du point de vue des autres. Les conversations nous apprennent à faire avec, à faire pour. Les conversations sont le socle de notre vie en société, le ferment de notre lien social.

Enfin, il faut que nous prenions conscience que le jour où les conversations viendront à disparaître, il n'y aura plus de communication possible et notre civilisation disparaîtra elle aussi.

Donc, militons et agissons pour converser librement, joyeusement et cela avec tout le monde.

Attention, la conversation est une très bonne maladie contagieuse.

139

Comme il faut toujours savoir terminer une conversation, laissons le mot de la fin à un homme qui savait manier les conversations avec jubilation, sir Winston Churchill : « Si nous sommes maîtres des mots que nous n'avons pas prononcés, nous devenons esclaves de ceux que nous avons laissé échapper. »

Recettes
pour des conversations

Conversation gourmande

Cette recette est apparue en 1774 dans un ouvrage de madame d'Épinay ayant pour titre *Les Conversations d'Émilie*. En voici une adaptation.

Temps de préparation : 20 minutes
Temps de cuisson : 25 minutes

Ingrédients (pour 6 personnes) :
* 2 pâtes feuilletées de 250 g chacune

Pour la crème d'amandes :
* 50 g de beurre mou
* 100 g de sucre en poudre
* 100 g de poudre d'amandes
* 1 œuf
* 1 cuillère à soupe de rhum

Pour la garniture :
* 1 blanc d'œuf
* 80 g de sucre glace
* Quelques gouttes de jus de citron

Préparer la crème d'amandes : mélanger le beurre avec le sucre, puis avec la poudre d'amandes. Ajouter l'œuf et bien mélanger.

Mettre de côté.

Garnir 6 moules à tartelettes avec des ronds pris dans l'une des pâtes feuilletées (garder les chutes !).

Y répartir la crème d'amandes, puis poser des disques de pâte un peu plus petits, coupés dans la deuxième pâte feuilletée. Souder les bords des deux pâtes avec un peu d'eau, puis placer au réfrigérateur 30 minutes (ou 10 minutes au congélateur).

Préchauffer le four à 180 °C (thermostat 6).

Préparer le glaçage (appelé glaçage « royal ») en mélangeant le sucre glace avec le blanc d'œuf et les quelques gouttes de jus de citron.

Avec les chutes de pâte, préparer des petites bandes, puis les placer en les croisant sur le dessus de chaque conversation.

Recouvrir avec le glaçage.

Faire cuire 25 minutes environ (le dessus doit commencer à être doré).

144

Recettes pour des conversations réussies

- Se mettre en situation de conversation, c'est-à-dire ne faire qu'une chose à la fois, être ouvert à l'autre, se dire que tous les points de vue sont entendables.
- Choisir le moyen qui semble le plus approprié en fonction de la conversation que l'on veut avoir (de son sujet) et du temps que l'on peut lui consacrer, c'est-à-dire une conversation physique, une conversation numérique, une conversation rapide par SMS, une conversation téléphonique...
- Adapter sa conversation en fonction du lieu où elle se déroule. Il est important de trouver des lieux pour converser. Il existe maintenant dans Paris un label sur les cafés où aucune musique n'est diffusée, ce qui facilite les conversations. Les jardins ou les bois sont de très bons espaces de conversation où rien ne peut attirer l'attention et où l'on peut rester centré sur les personnes avec qui l'on converse.
- Savoir prendre le temps avant de répondre, et cela quel que soit le support de la conversation.

Ne pas se précipiter, ne pas interrompre l'autre, car si on a une idée divergente de celle de son interlocuteur, elle sera toujours pertinente et souvent plus forte à exposer quand on aura laissé parler l'autre.

- Avant d'écrire, prendre le temps de réfléchir à ce que l'on va dire, à ce que pourra ressentir l'autre en lisant. La distance de la conversation (e-mail, SMS, forum) doit rendre encore plus attentif à l'autre qu'une conversation physique.

- Adapter son vocabulaire à l'interlocuteur. Les différences d'outils ou de générations peuvent entraîner des incompréhensions, comme le langage SMS qui n'est pas du tout transgénérationnel.

- Quel que soit le support de la conversation que l'on utilisera, conserver un ton vrai et naturel.

- Donner un sens, un rôle aux différents vecteurs de conversation que l'on a à sa disposition.

- Avant d'envoyer un message ou un e-mail, se demander s'il vaut vraiment la peine d'être envoyé et s'il ne peut pas être remplacé par un autre vecteur de conversation plus approprié et plus en phase avec les attentes des interlocuteurs

- Être prêt à se laisser aller, à se laisser porter par la magie de la conversation. S'amuser, à la fin d'une conversation, à voir le chemin que celle-ci aura parcouru depuis le début. Voir tous les sujets qui sont venus se mêler à la conversation.

- Oser des conversations avec des inconnus. Si c'est trop difficile dans un lieu public, prendre le prétexte d'un achat sur un site d'e-commerce par exemple pour entrer en conversation avec quelqu'un que l'on ne connaît pas. Petit à petit, on constatera que l'on prend la liberté de converser plus simplement, plus naturellement.

- Savoir terminer ou suspendre une conversation. Une conversation peut se terminer avec des points de suspension, mais elle doit se terminer. Sinon, on risque de parler pour ne rien dire…

Notez ici vos sujets de conversations préférés :

....

....

....

....

....

....

....

....

....

....

....

....

....

....

....

....

Remerciements

Merci à Christian Boghos, pour sa confiance et ses encouragements.

Merci à Laure Ragueneau, qui a toujours cru à la force des conversations et qui a porté le Festival des conversations avec énergie et conviction.

Merci à Robert Beroud pour ses sujets de conversation.

Merci à Hélène pour m'avoir fait déguster mes premières conversations.

Merci à mes parents de m'avoir donné la parole.

Bibliographie et filmographie

ANDRÉ-LAROCHEBOUVY Danielle, *La Conversation quotidienne. Introduction à l'analyse sémio-linguistique de la conversation*, Didier, Crédif, 1984.

BENMAKHLOUF Ali, *La Conversation comme manière de vivre*, Albin Michel, 2016.

FEUILLET DE CONCHES Félix-Sébastien, *Les Salons de conversation au XVIIIᵉ siècle*, 1882.

GODO Emmanuel, *La Conversation. Une utopie de l'éphémère*, PUF, 2014.

GRICE Herbert Paul, « Logique et conversation », *Communications*, n° 30, 1979, p. 57-72.

LECONTE Patrice, *Ridicule*, 1996.

LEROUX Yann, *Les jeux vidéo ça rend pas idiot !*, FYP, 2012.

MYERS Sondra, *Democracy is a Discussion*, Connecticut College, 1996.

SOLVAYRE Lydie, *La Conférence de Cintegabelle*, Points Seuil, 2000.

TURKLE Sherry, *Alone Together*, Basic Books, 2011.

TURKLE Sherry, *Reclaiming Conversation*, Penguin Press, 2015.

VAN BELLEGHEM Steven, *Le Conversation Manager*, Racine Campus, 2012.

ZELDIN Théodore, *De la conversation*, Fayard, 2013.

L'auteur

Guillaume Villemot est un homme de communication. Après avoir travaillé dans différentes agences, il a cocréé en 2010 une agence spécialisée en stratégies de conversation. Son but : faire des marques de ses clients des sujets de conversation.

En 2013, il lance le Festival des conversations et fait du 16 avril la Journée de la conversation. Depuis de nombreuses années, il sillonne le monde pour aller étudier les différentes formes de conversation et pour vanter les mérites de la conversation.

Il intervient aussi bien auprès des entreprises que des étudiants ou du grand public pour expliquer le fonctionnement des conversations modernes.

Il a publié plusieurs ouvrages, dont *Nés en Corse* en 2014, *Les Recettes de Le Parfait* en 2014, *Villemot : L'affiche de A à Z*, en 2005 ou encore *La Chevauchée de la Vache qui rit* en 1991.

En 2014, il a créé avec Alexandre Jardin le mouvement citoyen Bleu Blanc Zèbre.

Table

155

Composé par STDI
Dépôt légal : avril 2017

Imprimé en France

www.ingramcontent.com/pod-product-compliance
Lightning Source LLC
Chambersburg PA
CBHW020155200326
41521CB00006B/383